LÍNGUA PORTUGUESA

COM MAIS DE 100 EXERCÍCIOS PARA CONCURSO PÚBLICO

LEONARDO FLACH

ISBN: 978-65-00-92102-1

LÍNGUA PORTUGUESA

COM MAIS DE 100 EXERCÍCIOS PARA CONCURSO

LEONARDO FLACH

2024

Depósito legal na Câmara Brasileira do Livro conforme decreto no. 1.825, de 20 de dezembro de 1907.

Dados internacionais de Catalogação na Publicação (CIP)

Língua portuguesa: com mais de 100 exercícios para concurso, Leonardo Flach

Língua portuguesa: com mais de 100 exercícios para concurso, Leonardo Flach / Leonardo Flach - 1ª. Ed. – Florianópolis: Amazon, 2024.

ISBN 978-65-00-92102-1

1. Português 2. Gramática 3. Concurso 4. Línguas. 5. Letras 6. Exercícios 7. Concurso Público. I. Flach, Leonardo

---

(Câmara Brasileira do Livro, SP - Brasil

DEDICATÓRIA

Aos meus amados pais, Sinécio e Ilori, e à minha querida irmã Lisandra, todos mestres na arte do conhecimento, cuja paixão pelo ensino e dedicação à educação inspiraram o meu próprio percurso acadêmico e este livro. Obrigado por serem a base sólida do meu crescimento.

A minha incomparável esposa Luísa, meu filho Mateus e minha filha Sofia, que sempre me apoiaram com amor, compreensão e paciência durante as longas horas de pesquisa e escrita. Vocês são a minha fonte inesgotável de inspiração e motivação.

Ao Conselho Nacional de Desenvolvimento Científico e Tecnológico (CNPQ/Brasil), pela generosidade do apoio concedido, que tornou possível a realização deste trabalho. Acreditar no potencial da pesquisa e na importância do conhecimento é um privilégio que jamais esquecerei.

Aos meus alunos, cujas perguntas desafiadoras e curiosidade incansável me incentivaram a aprimorar meu entendimento e a compartilhar este conhecimento. É para vocês que este livro foi escrito, com a esperança de que possa iluminar os caminhos do estudo e do crescimento.

A todos, o meu mais profundo agradecimento por fazerem parte da minha jornada e por tornarem possível a realização deste trabalho. Dedico este livro com carinho e gratidão.

Educação, farol que nos conduz,
Na jornada da vida, és a luz.
Abrindo mentes, horizontes a brilhar,
Transformando o mundo, a cada despertar.

O conhecimento é a chave que desbloqueia as portas do sucesso nas empresas comerciais e industriais. Este livro é uma jornada para compreender e dominar as complexidades da tributação, guiando você rumo ao êxito financeiro e à prosperidade empresarial.

(Leonardo Flach)

APRESENTAÇÃO

A língua é mais do que um simples meio de comunicação; é a expressão viva de uma cultura, uma janela para o entendimento do mundo e de nós mesmos. Com essa visão em mente, é com grande prazer que apresentamos o livro Língua Portuguesa, uma obra meticulosamente elaborada para explorar as diversas facetas do português, desde sua gramática até as sutilezas de sua expressão literária.

Este livro é destinado a todos que desejam aprofundar seu conhecimento na língua portuguesa, seja por interesse pessoal, profissional ou acadêmico. Com uma abordagem clara e acessível, ele é ideal tanto para estudantes quanto para professores, pesquisadores e entusiastas do idioma.

Os capítulos do livro são cuidadosamente estruturados para oferecer uma compreensão abrangente e detalhada da língua:

Compreensão de Textos: Este capítulo é uma imersão na arte de interpretar e entender diversos tipos de textos, fundamentais para a compreensão efetiva da língua.

Organização Textual e Discursiva; Coerência e Coesão: Abordamos aqui os mecanismos que tornam um texto coerente e coeso, essenciais para a comunicação clara e eficaz.

Ortografia: Uma revisão detalhada das normas ortográficas vigentes, essencial para a escrita correta e profissional.

Classe, Estrutura, Formação e Significação de Vocábulos; Derivação e Composição: Uma exploração profunda sobre as palavras, sua formação, estrutura e os processos de derivação e composição.

A Oração e Seus Termos: Uma análise detalhada dos componentes das orações, peça fundamental na construção de frases.

Estruturação do Período: Estudo sobre a formação de períodos, incluindo a relação entre orações e a construção de sentido no discurso.

As Classes de Palavras: Uma investigação sobre os aspectos morfológicos, sintáticos e estilísticos das diferentes classes de palavras.

Linguagem Figurada: Uma viagem pelo uso artístico da língua, explorando metáforas, metonímias e outras figuras de linguagem que enriquecem o texto.

Pontuação: Um guia essencial para o uso correto dos sinais de pontuação, fundamentais para a clareza e a precisão na escrita.

Língua Portuguesa é mais do que um livro didático e preparatório para concurso público; é um convite à exploração e ao aprofundamento no universo riquíssimo da língua portuguesa. Convidamos você a embarcar nesta jornada de descoberta e aprimoramento, navegando pelas águas da nossa língua com a segurança e o conhecimento que esta obra proporciona.

Que este livro seja uma fonte de inspiração e aprendizado, contribuindo para o fortalecimento da educação em nosso país. Boa leitura!

SUMÁRIO

1 COMPREENSÃO DE TEXTOS

A compreensão de textos é a pedra angular na aprendizagem e no uso eficaz da língua portuguesa. Este capítulo do livro Língua Portuguesa é dedicado a explorar as diversas dimensões e técnicas que envolvem a compreensão textual, uma habilidade fundamental tanto no âmbito acadêmico quanto no cotidiano.

1.1 Entendendo a Compreensão Textual

A compreensão de textos vai além da simples decodificação de palavras escritas. Envolve a capacidade de entender o significado global do texto, captar as intenções do autor, reconhecer os contextos implícitos e fazer conexões com conhecimentos prévios. Essa habilidade é vital para a aprendizagem, pois é através dela que adquirimos novas informações, desenvolvemos o pensamento crítico e expandimos nossa visão de mundo.

1.2 Elementos da Compreensão de Texto

Para compreender um texto efetivamente, é necessário atentar para seus diversos elementos:

Vocabulário: O domínio do vocabulário é essencial. Conhecer o significado das palavras e suas nuances é o primeiro passo para uma boa compreensão.

Estrutura Textual: Entender a organização do texto, como introdução, desenvolvimento e conclusão, ajuda a antecipar informações e a compreender a argumentação do autor.

Contexto: O contexto em que um texto está inserido (histórico, cultural, social) influencia diretamente o seu significado. Reconhecer esses aspectos amplia a compreensão.

Intenção do Autor: Perceber o objetivo do autor, seja persuadir, informar ou entreter, é crucial para entender a mensagem principal do texto.

1.3 Estratégias de Compreensão

Existem diversas estratégias que podem ser utilizadas para melhorar a compreensão de textos:

Leitura Ativa: Faça perguntas sobre o texto enquanto lê. Procure respostas, faça anotações e sublinhe partes importantes.

Resumo e Paráfrase: Tentar resumir ou reescrever o texto com suas próprias palavras pode consolidar a compreensão.

Inferências e Conexões: Faça conexões com o que você já sabe e tente inferir informações implícitas no texto.

Leitura Crítica: Avalie o texto criticamente, questionando a veracidade, a lógica e a relevância das informações apresentadas.

1.4 Dificuldades na Compreensão de Textos

Algumas dificuldades podem surgir na compreensão de textos, como vocabulário desconhecido, estruturas gramaticais complexas ou falta de familiaridade com o contexto. É importante identificar essas barreiras e buscar maneiras de superá-las, como a consulta a dicionários ou a leitura de textos adicionais para contextualização.

1.5 Conclusão

A compreensão de textos é uma habilidade que se desenvolve e aprimora continuamente. Através da prática constante, da curiosidade intelectual e da aplicação de estratégias eficazes, qualquer pessoa pode melhorar significativamente sua habilidade de entender e interpretar textos. Este capítulo fornece as ferramentas e o conhecimento necessário para embarcar nessa jornada de descoberta e aprofundamento na língua portuguesa.

Exercícios

1. O que é fundamental para a compreensão efetiva de um texto?
   a. Conhecimento prévio do autor
   b. Uso de um dicionário enquanto lê
   c. Capacidade de interpretar e entender o texto
   d. Ler rapidamente
   e. Conhecer o gênero literário do texto

2. Qual dos seguintes não é um elemento-chave na compreensão textual?
   a. Vocabulário
   b. Estrutura Textual
   c. Quantidade de páginas do texto
   d. Contexto
   e. Intenção do Autor

3. O que a leitura ativa envolve?
   a. Ler silenciosamente
   b. Fazer perguntas sobre o texto enquanto lê
   c. Memorizar o texto
   d. Ler sem fazer pausas
   e. Ignorar as notas de rodapé

4. Qual é a importância do contexto na compreensão de um texto?
   a. Define a estrutura gramatical do texto
   b. Determina o número de páginas do texto
   c. Influencia diretamente o significado do

texto
   d. É relevante apenas para textos históricos
   e. Não tem importância na compreensão textual

5. Qual destas estratégias não auxilia na compreensão de textos?
   a. Resumo
   b. Paráfrase
   c. Leitura rápida e superficial
   d. Inferências
   e. Leitura Crítica

6. Qual é o objetivo da leitura crítica?
   a. Aumentar a velocidade de leitura
   b. Melhorar a caligrafia
   c. Avaliar o texto criticamente
   d. Memorizar o conteúdo do texto
   e. Entreter o leitor

7. Por que é importante conhecer o vocabulário?
   a. Para escrever sem erros gramaticais
   b. Para aumentar a velocidade de leitura
   c. Porque é o primeiro passo para a compreensão do texto
   d. Para poder ignorar o contexto
   e. Para impressionar outros com seu conhecimento

8. A estrutura textual ajuda a compreender um texto por:
   a. Reduzir a necessidade de conhecimento prévio
   b. Aumentar a velocidade de leitura
   c. Antecipar informações e entender a argumentação do autor

d. Melhorar a ortografia
e. Tornar o texto mais interessante

9. Qual é a importância de fazer inferências durante a leitura?
    a. Evita a necessidade de entender o contexto
    b. Ajuda a ler mais rápido
    c. Auxilia na compreensão de informações implícitas no texto
    d. É útil apenas para textos literários
    e. Reduz a importância do vocabulário

10. Como a compreensão de textos pode ser aprimorada?
    a. Lendo apenas textos fáceis
    b. Ignorando a pontuação
    c. Praticando constantemente e aplicando estratégias eficazes
    d. Lendo apenas resumos dos textos
    e. Focando somente no conteúdo que interessa

11. Qual é o papel das anotações durante a leitura ativa?
    a. Atrasar o processo de leitura
    b. Ajudar a memorizar o texto
    c. Consolidar a compreensão
    d. Ignorar partes difíceis do texto
    e. Substituir a leitura do texto

12. O que deve ser feito quando se encontra uma palavra desconhecida no texto?
    a. Ignorá-la
    b. Mudar o contexto do texto
    c. Consultar um dicionário
    d. Continuar lendo sem se preocupar
    e. Alterar a palavra por outra conhecida

13. Como a intenção do autor influencia a compreensão do texto?
    a. Determina a complexidade do vocabulário
    b. Influencia a estrutura do texto
    c. Impacta na quantidade de páginas
    d. Ajuda a entender a mensagem principal do texto
    e. Não influencia na compreensão

14. Que tipo de conexão é importante fazer durante a leitura?
    a. Entre diferentes autores
    b. Entre o texto e conhecimentos prévios
    c. Entre textos de gêneros diferentes
    d. Entre personagens fictícios
    e. Entre o texto e filmes

15. O que é uma barreira comum na compreensão de textos?
    a. Estilo de escrita do autor
    b. Vocabulário desconhecido
    c. Conhecimento prévio do leitor
    d. Interesse do leitor no tópico
    e. Número de autores do texto

16. Qual a melhor maneira de abordar textos com estruturas gramaticais complexas?
    a. Evitá-los
    b. Ler rapidamente
    c. Focar apenas no conteúdo básico
    d. Buscar compreender a estrutura e o propósito
    e. Mudar para um texto mais fácil

17. A paráfrase é útil para:
    a. Copiar o texto original

b. Aumentar a quantidade de páginas lidas
c. Verificar a compreensão do texto
d. Ignorar o contexto
e. Melhorar a velocidade de leitura

18. Como o resumo ajuda na compreensão de textos?
a. Diminui a necessidade de leitura
b. Aumenta a quantidade de informação
c. Consolida o entendimento do texto
d. Evita a necessidade de análise crítica
e. Substitui a leitura do texto completo

19. Por que é importante questionar a veracidade das informações em um texto?
a. Para aumentar a velocidade de leitura
b. Para focar apenas em informações interessantes
c. Para desenvolver um pensamento crítico
d. Para evitar ler todo o texto
e. Para memorizar o conteúdo mais rapidamente

20. Qual o benefício de conectar o texto com conhecimentos prévios?
a. Evita a necessidade de entender o vocabulário
b. Reduz a relevância do contexto
c. Facilita a compreensão do texto
d. Aumenta a velocidade de leitura
e. Torna o texto menos interessante

Gabarito Comentado

1. **c** - A capacidade de interpretar e entender um texto é fundamental para sua compreensão efetiva.
2. **c** - A quantidade de páginas de um texto não é um elemento-chave na compreensão textual.
3. **b** - A leitura ativa envolve fazer perguntas sobre o texto enquanto lê.
4. **c** - O contexto influencia diretamente o significado do texto.
5. **c** - A leitura rápida e superficial geralmente não auxilia na compreensão de textos.
6. **c** - O objetivo da leitura crítica é avaliar o texto criticamente.
7. **c** - Conhecer o vocabulário é o primeiro passo para a compreensão do texto.
8. **c** - A estrutura textual ajuda a antecipar informações e entender a argumentação do autor.
9. **c** - Fazer inferências auxilia na compreensão de informações implícitas no texto.
10. **c** - A compreensão de textos pode ser aprimorada através da prática constante e aplicação de estratégias eficazes.
11. **c** - As anotações durante a leitura ativa ajudam a consolidar a compreensão.
12. **c** - Ao encontrar uma palavra desconhecida, o ideal é consultar um dicionário.
13. **d** - A intenção do autor ajuda a entender a mensagem principal do texto.
14. **b** - É importante fazer conexões entre o texto e conhecimentos prévios.
15. **b** - O vocabulário desconhecido é uma barreira comum na compreensão de textos.
16. **d** - Para textos com estruturas gramaticais complexas, é melhor buscar compreender a estrutura e o

propósito.

17. **c** - A paráfrase é útil para verificar a compreensão do texto.
18. **c** - O resumo ajuda a consolidar o entendimento do texto.
19. **c** - Questionar a veracidade das informações desenvolve um pensamento crítico.
20. **c** - Conectar o texto com conhecimentos prévios facilita a compreensão do texto.

2 A ORGANIZAÇÃO TEXTUAL, COERÊNCIA E COESÃO

No estudo da Língua Portuguesa, a organização textual é fundamental para a compreensão e eficácia da comunicação. Os modos de organização discursiva referem-se às estruturas e métodos que os escritores utilizam para apresentar suas ideias e informações de maneira lógica e coerente. Esses modos variam dependendo do propósito, do público-alvo e do contexto do texto.

Narrativo

A organização narrativa é utilizada para contar histórias ou relatar eventos. Caracteriza-se pela presença de elementos como personagens, enredo, ambiente, clímax e desfecho. Nesse modo, a sequência temporal dos eventos é crucial, e a narração geralmente segue uma estrutura linear, embora possa haver flashbacks ou flashforwards para criar efeito dramático ou enfatizar pontos importantes.

Descritivo

No modo descritivo, o foco é criar uma imagem vívida na mente do leitor. Este modo é frequentemente utilizado em conjunto com a narração, mas pode se concentrar em descrever pessoas, lugares, objetos ou sentimentos. A descrição eficaz utiliza adjetivos e advérbios detalhados, e a organização pode ser feita por localização espacial, importância ou qualquer outro critério que reforce a imagem pretendida.

Expositivo

A exposição visa informar ou explicar. Neste modo, a organização textual é direcionada para a clareza e a lógica. Os textos expositivos podem utilizar estruturas como causa e efeito, problema e solução, ou comparação e contraste. Este modo é comum em textos acadêmicos, manuais técnicos e artigos informativos.

Argumentativo

O modo argumentativo é utilizado para convencer o leitor de um ponto de vista. Aqui, a organização textual é crucial para construir um argumento persuasivo. Geralmente, começa com uma tese, seguida por evidências e exemplos que a suportam, e termina com uma conclusão que reafirma a tese e suas implicações. A utilização de técnicas retóricas, como apelo à lógica (logos), à emoção (pathos) e à ética (ethos), é comum.

Instrucional

Textos com organização instrucional são projetados para orientar o leitor em um processo ou tarefa. Estes textos são estruturados em passos sequenciais ou instruções claras. A clareza e a precisão são fundamentais, e a organização textual deve facilitar o seguimento e a compreensão dos procedimentos descritos.

Coerência e Coesão no Texto

A compreensão clara e eficaz de um texto em Língua Portuguesa depende fundamentalmente de dois elementos cruciais: coerência e coesão. Estes conceitos, embora distintos, trabalham juntos para garantir que o texto seja inteligível e agradável ao leitor. A habilidade de aplicá-los adequadamente é essencial para qualquer escritor, estudante ou profissional que deseje comunicar suas ideias de forma eficaz.

Coerência: A Lógica Interna do Texto

Coerência refere-se à lógica interna e à consistência de um texto. Um texto coerente é aquele em que as ideias se conectam de forma lógica e fluem de maneira natural. A coerência não está apenas nas palavras que são escritas, mas também nas ideias e conceitos que estão implícitos. Ela é o que torna o texto compreensível e significativo para o leitor, permitindo que ele perceba a relação entre as diversas partes do texto.

Para que um texto seja coerente, é necessário que ele siga uma linha de raciocínio clara, mantenha-se fiel ao tema ou propósito estabelecido e apresente as informações de forma ordenada e lógica. Além disso, as conclusões e argumentos devem ser baseados em evidências e raciocínio sólido.

Coesão: A Arte de Conectar as Palavras

Enquanto a coerência lida com a lógica das ideias, a coesão está relacionada à forma como as palavras e frases são ligadas para formar um texto contínuo e fluido. A coesão é obtida através do uso eficaz de elementos linguísticos, como conectivos, pronomes, elipses e sinônimos, que ajudam a conectar frases e parágrafos, evitando repetições desnecessárias e garantindo a fluidez do texto.

Elementos coesivos funcionam como pontes entre ideias, garantindo que o texto progrida de maneira lógica e sem interrupções abruptas. Eles ajudam a estabelecer relações de tempo, espaço, causa, contraste, continuidade e outras relações lógicas entre as partes do texto.

A Inter-relação entre Coerência e Coesão

Coerência e coesão são complementares. Enquanto a coerência é o que "faz sentido" em um nível mais profundo e abstrato, a coesão é o que "soa bem" no nível da escrita concreta. Um texto pode ser coeso sem ser coerente, apresentando frases bem conectadas, mas sem sentido lógico global. Da mesma forma, um texto pode ser coerente em sua lógica e ideias, mas carecer de coesão, tornando-se difícil de seguir.

Para que um texto seja eficaz e envolvente, ambos os aspectos devem ser bem trabalhados. A coerência e a coesão são fundamentais não apenas para a clareza, mas também para manter o interesse do leitor e transmitir a mensagem desejada de forma eficiente.

Conclusão

A compreensão e o domínio de coerência e coesão são essenciais para qualquer pessoa que deseja escrever bem em Língua Portuguesa. Esses conceitos não apenas melhoram a qualidade do texto, mas também enriquecem a experiência de leitura, tornando-a mais agradável e enriquecedora. Ao desenvolver habilidades em coerência e coesão, escritores e estudantes podem aprimorar significativamente sua capacidade de comunicação escrita, garantindo que suas ideias sejam apresentadas de forma clara e convincente.

A escolha do modo de organização discursiva é determinada pelo objetivo do texto e pelo público-alvo. Cada modo possui características próprias que influenciam a maneira como as informações são apresentadas e percebidas. O domínio desses modos é essencial para a comunicação eficaz em língua portuguesa.

Exercícios

1. Qual dos seguintes é um elemento característico do modo narrativo?
    a. Uso de adjetivos detalhados
    b. Estrutura baseada em causa e efeito
    c. Apresentação de uma tese
    d. Personagens e enredo
    e. Instruções passo a passo

2. Em qual modo de organização discursiva é mais

comum encontrar a estrutura de comparação e contraste?

a. Narrativo
b. Descritivo
c. Expositivo
d. Argumentativo
e. Instrucional

3. O modo descritivo é frequentemente usado para:
    a. Contar uma história.
    b. Convencer o leitor.
    c. Criar uma imagem vívida na mente do leitor.
    d. Explicar como fazer algo.
    e. Apresentar um argumento.

4. Qual é o principal objetivo do modo expositivo?
    a. Entreter
    b. Descrever
    c. Informar ou explicar
    d. Persuadir
    e. Instruir

5. No modo argumentativo, o que geralmente segue a tese?
    a. Uma história
    b. Uma descrição detalhada
    c. Evidências e exemplos
    d. Instruções passo a passo
    e. Uma narrativa pessoal

6. Qual elemento NÃO é típico do modo narrativo?
    a. Clímax
    b. Personagens
    c. Argumentos lógicos
    d. Enredo
    e. Ambiente

7. Em textos instrucionais, qual característica é mais importante?
    a. Descrições emocionais
    b. Estrutura de argumento
    c. Clareza e precisão
    d. Sequência temporal
    e. Uso de metáforas

8. O apelo à lógica, emoção e ética é mais frequentemente encontrado em qual modo?
    a. Narrativo
    b. Descritivo
    c. Expositivo
    d. Argumentativo
    e. Instrucional

9. Qual modo é caracterizado pela presença de passos sequenciais ou instruções claras?
    a. Narrativo
    b. Descritivo
    c. Expositivo
    d. Argumentativo
    e. Instrucional

10. Um texto que utiliza a estrutura causa e efeito é típico de qual modo?
    a. Narrativo
    b. Descritivo
    c. Expositivo
    d. Argumentativo
    e. Instrucional

11. A estrutura linear é mais associada a qual modo de organização discursiva?
    a. Narrativo
    b. Descritivo
    c. Expositivo

d. Argumentativo
e. Instrucional

12. Qual modo de organização discursiva é mais adequado para um manual técnico?
    a. Narrativo
    b. Descritivo
    c. Expositivo
    d. Argumentativo
    e. Instrucional

13. Em qual modo a sequência temporal dos eventos é crucial?
    a. Narrativo
    b. Descritivo
    c. Expositivo
    d. Argumentativo
    e. Instrucional

14. Flashbacks ou flashforwards são técnicas comumente usadas em qual modo?
    a. Narrativo
    b. Descritivo
    c. Expositivo
    d. Argumentativo
    e. Instrucional

15. Qual dos seguintes é um objetivo principal do modo descritivo?
    a. Convencer
    b. Informar
    c. Instruir
    d. Entreter
    e. Descrever

16. Textos que focam em explicar processos ou tarefas pertencem a qual modo?
    a. Narrativo

b. Descritivo
c. Expositivo
d. Argumentativo
e. Instrucional

17. Qual modo utiliza técnicas retóricas para reforçar uma tese?
    a. Narrativo
    b. Descritivo
    c. Expositivo
    d. Argumentativo
    e. Instrucional

18. A organização textual que prioriza a clareza e a lógica é típica de qual modo?
    a. Narrativo
    b. Descritivo
    c. Expositivo
    d. Argumentativo
    e. Instrucional

19. Qual modo é menos provável de utilizar elementos como personagens e enredo?
    a. Narrativo
    b. Descritivo
    c. Expositivo
    d. Argumentativo
    e. Instrucional

20. Em qual dos seguintes modos é mais comum o uso de adjetivos e advérbios detalhados?
    a. Narrativo
    b. Descritivo
    c. Expositivo
    d. Argumentativo
    e. Instrucional

Gabarito Comentado

1. d) Personagens e enredo são essenciais no modo narrativo para contar histórias.

2. c) O modo expositivo frequentemente utiliza a estrutura de comparação e contraste para explicar ou informar.

3. c) O modo descritivo foca em criar imagens vívidas na mente do leitor.

4. c) Informar ou explicar é o principal objetivo do modo expositivo.

5. c) No modo argumentativo, a tese é geralmente seguida por evidências e exemplos.

6. c) Argumentos lógicos não são um elemento típico do modo narrativo.

7. c) Clareza e precisão são fundamentais em textos instrucionais.

8. d) O apelo à lógica, emoção e ética é característico do modo argumentativo.

9. e) O modo instrucional é caracterizado por passos sequenciais ou instruções claras.

10. c) A estrutura causa e efeito é típica do modo expositivo.

11. a) A estrutura linear é associada ao modo narrativo.

12. c) Modo expositivo é mais adequado para manuais técnicos.

13. a) A sequência temporal é crucial no modo narrativo.

14. a) Flashbacks ou flashforwards são técnicas usadas no modo narrativo.

15. e) Descrever é o objetivo principal do modo descritivo.

16. e) O modo instrucional foca em explicar processos ou tarefas.

17. d) O modo argumentativo utiliza técnicas retóricas para reforçar uma tese.

18. c) Clareza e lógica são prioritárias no modo expositivo.

19. e) O modo instrucional é menos provável de usar personagens e enredo.

20. b) O uso de adjetivos e advérbios detalhados é comum no modo descritivo.

3 ORTOGRAFIA

3.1 Princípios Básicos da Ortografia Portuguesa: Alfabeto e Fonemas

A língua portuguesa utiliza um alfabeto composto por 26 letras, derivado do alfabeto latino. Cada letra corresponde a um ou mais fonemas, que são as unidades sonoras da fala. É importante entender que a mesma letra pode representar diferentes sons, e um mesmo som pode ser representado por letras diferentes. Por exemplo, o fonema /s/ pode ser escrito com "s", como em "sol", ou com "c", como em "cena". Já a letra "x" pode representar vários sons, como em "exame" (som de /z/) e "máximo" (som de /ks/).

Acentuação Gráfica

A acentuação gráfica é um dos aspectos mais importantes da ortografia portuguesa. Ela é usada para indicar a sílaba tônica das palavras, ou seja, a sílaba que é pronunciada com mais intensidade. Existem regras básicas que determinam o uso dos acentos:

Palavras Oxítonas: São acentuadas as oxítonas terminadas em "a", "e", "o" (seguidos ou não de "s"), "em" e "ens". Exemplos: café, cipó, armazéns.

Palavras Paroxítonas: As paroxítonas são acentuadas quando não terminam em "a", "e", "o", "em" e "ens". Exemplos incluem árvore, útil, caráter.

Palavras Proparoxítonas: Todas são acentuadas, independente de sua terminação. Exemplos: lâmpada, médico, lógica.

Monossílabos Tônicos: São acentuados quando terminam em "a", "e", "o" (seguidos ou não de "s"). Exemplos: pá, pé, pó.

Uso do Hífen

O hífen é usado em várias situações na língua portuguesa, especialmente em palavras compostas e com prefixos. As regras do Acordo Ortográfico de 1990 trouxeram algumas mudanças significativas nesse aspecto. Algumas das regras principais são:

Compostos: Usa-se hífen em palavras compostas por justaposição que não contêm elementos de ligação, como em "guarda-chuva" e "arco-íris".

Prefixos: Geralmente, usa-se hífen com prefixos antes de palavra iniciada por h, como em "anti-higiênico" e "super-homem". Com outras letras, o hífen é usado em situações específicas, como para evitar a repetição de letras (micro-ondas) ou em alguns prefixos específicos (além-mar, pós-graduação).

Locuções: Nas locuções (conjunto de palavras que juntas desempenham uma função sintática), geralmente não se usa hífen, exceto em casos especiais como "água-de-colônia" e "cor-de-rosa".

O entendimento desses princípios básicos da ortografia portuguesa é fundamental para uma escrita clara e correta. A prática constante, aliada ao conhecimento das regras e exceções, é a melhor maneira de aprimorar a habilidade ortográfica.

Exercícios

1. Qual das seguintes palavras é um exemplo de palavra oxítona?
    a. Árvore
    b. Fácil

c. Café
d. Lâmpada
e. Céu

2. A letra “x” pode representar diferentes fonemas. Qual palavra abaixo tem o “x” com som de /ks/?
    a. Exato
    b. Próximo
    c. Texto
    d. Exemplo
    e. Enxame

3. Qual é a regra de acentuação para palavras paroxítonas?
    a. Acentuam-se todas as paroxítonas.
    b. Acentuam-se as paroxítonas terminadas em "i" e "u".
    c. Acentuam-se as paroxítonas que não terminam em "a", "e", "o", "em", "ens".
    d. Acentuam-se apenas as paroxítonas terminadas em ditongos.
    e. Nunca se acentuam as paroxítonas.

4. Em qual das opções a seguir o uso do hífen está correto segundo o Acordo Ortográfico?
    a. Anti-inflamatório
    b. Subhumano
    c. Auto escola
    d. Infraestrutura
    e. Microondas

5. Qual das seguintes palavras é um exemplo de palavra proparoxítona?
    a. Médico
    b. Café
    c. Janela
    d. Azul

e. Brasil

6. Qual é a função principal da acentuação gráfica na língua portuguesa?
   a. Diferenciar palavras homógrafas.
   b. Indicar a separação silábica.
   c. Indicar a sílaba tônica das palavras.
   d. Marcar o plural das palavras.
   e. Indicar a pronúncia exata das palavras.

7. A palavra "inconstitucional" é um exemplo de qual tipo de acentuação?
   a. Oxítona
   b. Paroxítona
   c. Proparoxítona
   d. Monossílaba tônica
   e. Não recebe acento

8. O uso do hífen está correto em qual das seguintes palavras?
   a. Infraestrutura
   b. Super-homem
   c. Extraescolar
   d. Autoestrada
   e. Micro-ondas

9. Em qual das seguintes palavras o "s" possui som de /z/?
   a. Casa
   b. Asa
   c. Mesmo
   d. Isso
   e. Nascer

10. Qual das seguintes palavras é acentuada por ser uma oxítona terminada em "em"?
   a. Item
   b. Júri

c. Ninguém
d. Túnel
e. Pólen

11. Qual das seguintes palavras não segue a regra geral de acentuação das oxítonas?
    a. Parabéns
    b. País
    c. Alemão
    d. Capaz
    e. Funil

12. O hífen é utilizado corretamente em qual das seguintes opções?
    a. Extra-oficial
    b. Voo-panorâmico
    c. Guarda-chuva
    d. Além-céu
    e. Micro-organismo

13. A palavra "história" é um exemplo de qual tipo de palavra?
    a. Oxítona
    b. Paroxítona
    c. Proparoxítona
    d. Monossílaba tônica
    e. Não se encaixa em nenhuma das categorias

14. Qual das seguintes alternativas apresenta somente palavras oxítonas?
    a. Sábio, difícil, júri
    b. Amém, café, jacaré
    c. Médico, lógico, público
    d. Útil, fóssil, caráter
    e. Nenhum dos exemplos acima

15. Em qual das seguintes palavras o hífen está

incorretamente utilizado?

a. Auto-ajuda
b. Mal-estar
c. Bem-vindo
d. Sub-reino
e. Ultra-som

16. Qual das seguintes palavras é acentuada por ser uma paroxítona?

a. Série
b. Baú
c. Lápis
d. Pássaro
e. Júri

17. A letra "x" em "exame" representa qual som?

a. /ks/
b. /z/
c. /ss/
d. /ch/
e. /sh/

18. Qual das seguintes palavras é um exemplo de monossílabo tônico acentuado?

a. Sol
b. Mas
c. Pé
d. Eu
e. Se

19. Em qual das seguintes palavras o "c" tem som de /k/?

a. Cidade
b. Cena
c. Cedo
d. Cacto
e. Ciência

20. Qual das seguintes palavras é um exemplo de

palavra proparoxítona?

a. Fácil
b. Árvore
c. Lâmpada
d. Café
e. Júri

Gabarito Comentado

1. **c) Café**. "Café" é uma palavra oxítona, pois a sílaba tônica é a última.
2. **c) Texto**. Aqui o "x" tem som de /ks/.
3. **c) Acentuam-se as paroxítonas que não terminam em "a", "e", "o", "em", "ens".**
4. **b) Super-homem**. O hífen é usado aqui por causa do prefixo terminado em "r".
5. **a) Médico**. "Médico" é proparoxítona, com a sílaba tônica na antepenúltima posição.
6. **c) Indicar a sílaba tônica das palavras.**
7. **c) Proparoxítona**. "Inconstitucional" é proparoxítona.
8. **b) Super-homem**. O uso do hífen está correto aqui.
9. **c) Mesmo**. Nesta palavra, o "s" possui som de /z/.
10. **c) Ninguém**. Esta palavra é acentuada por ser uma oxítona terminada em "em".
11. **d) Capaz**. "Capaz" é oxítona, mas não segue a regra geral de acentuação das oxítonas.
12. **c) Guarda-chuva**. O uso do hífen está correto em palavras compostas.
13. **b) Paroxítona**. "História" é uma palavra paroxítona.
14. **b) Amém, café, jacaré**. Todas são palavras oxítonas.
15. **e) Ultra-som**. Com o Acordo Ortográfico, não se usa mais hífen nessa palavra.
16. **a) Série**. "Série" é uma palavra paroxítona.
17. **b) /z/**. Em "exame", o "x" tem som de /z/.
18. **c) Pé**. "Pé" é um monossílabo tônico acentuado.
19. **d) Cacto**. Aqui, o "c" tem som de /k/.
20. **c) Lâmpada**. "Lâmpada" é uma palavra proparoxítona.

Palavras Homófonas

Um dos desafios frequentes na ortografia portuguesa são as palavras homófonas, aquelas que possuem a mesma pronúncia, mas têm escritas e significados diferentes. Este fenômeno pode causar confusões na escrita, pois exige um conhecimento mais aprofundado do vocabulário. Por exemplo, "concerto" (apresentação musical) e "conserto" (ato de reparar algo) são homófonas. Outros exemplos incluem "sessão" (período de tempo em que algo ocorre) e "seção" (divisão de uma entidade ou documento), "caçar" (ato de perseguir para capturar) e "cassar" (anular ou invalidar). A melhor maneira de dominar o uso correto dessas palavras é através da leitura e da prática constante de escrita, que ajudam a fixar não apenas como as palavras são escritas, mas também seus contextos de uso.

Uso de Letras Confusas

Algumas letras e combinações de letras na língua portuguesa frequentemente levam a erros ortográficos, especialmente em palavras que possuem sons semelhantes. Por exemplo, o uso de "s" e "ss" pode confundir, como em "descer" (verbo) e "descente" (adjetivo). Outro caso comum é a confusão entre "c", "ç" e "ss", como em "casa" (moradia) e "caça" (ato de caçar), ou "passo" (ato de andar) e "paço" (palácio). O "x" e o "ch" também podem ser problemáticos, como em "xícara" e "chícara" (a forma correta é "xícara"). A chave para evitar esses erros é entender as regras de uso dessas letras, que muitas vezes estão ligadas à origem das palavras, e praticar através de exercícios de escrita.

Uso Correto de "Porque", "Por Que", "Porquê" e "Por Quê"

Outro desafio comum na ortografia portuguesa é o uso das diferentes formas de "porque". Cada uma delas tem um uso específico:

"Porque": Usado em respostas, com sentido explicativo ou

causal, equivalente a "pois" ou "para que". Exemplo: "Não fui ao cinema porque estava chovendo."

"Por que": Usado em perguntas, pode ser substituído por "por qual motivo" ou "por qual razão". Exemplo: "Por que você não foi ao cinema?"

"Porquê": Quando é um substantivo, geralmente vem acompanhado de artigo, pronome, adjetivo ou numeral, e significa "o motivo" ou "a razão". Exemplo: "Não entendi o porquê de sua ausência no cinema."

"Por quê": Usado no final de frases interrogativas, quando a pergunta é feita indiretamente. Exemplo: "Você não foi ao cinema, por quê?"

Dominar estas formas requer prática e atenção ao contexto em que são utilizadas. A leitura atenta e a escrita frequente são ferramentas essenciais para o aprimoramento dessa habilidade.

Exercícios

1. Qual é o par de palavras homófonas corretas?
   a) Cessão - Seção
   b) Cela - Sela
   c) Sinto - Cinto
   d) Conselho - Concerto
   e) Descrição - Discrição

2. Como se escreve corretamente a palavra que significa "moradia"?
   a) Casa
   b) Caza
   c) Caça
   d) Cassa
   e) Kasa

3. Qual é o uso correto de "porque"?
   a) Estudei muito, porque quero passar no exame.

b) Porque você não veio ontem?
c) Eu queria saber o porque de sua decisão.
d) Ele saiu cedo, por quê?
e) Nenhuma das opções anteriores.

4. Em qual das alternativas a seguir o "x" tem som de /z/?
   a) Exato
   b) Texto
   c) Próximo
   d) Enxame
   e) Exemplo

5. Qual é o par correto de palavras homófonas?
   a) Concerto - Conserto
   b) Cela - Sela
   c) Paço - Passo
   d) A - Há
   e) Todas as opções estão corretas

6. Em qual das alternativas a palavra "por que" está sendo usada corretamente?
   a) Não entendo por que ele agiu assim.
   b) Ele não sabe o por que da decisão.
   c) Ela perguntou o por que da mudança.
   d) Estou curioso para saber por que.
   e) Nenhuma das opções anteriores.

7. Qual é a forma correta da palavra que significa "ato de caçar"?
   a) Caçar
   b) Cassar
   c) Casar
   d) Cazar
   e) Kazsar

8. Qual das seguintes palavras é escrita com "ss"?
   a) Deserto

b) Ascenção
c) Passagem
d) Certo
e) Aceso

9. Qual é o uso correto de "porquê"?
a) Ela não entendeu o porquê da situação.
b) Queria saber porquê ele não veio.
c) Não sei porquê isso aconteceu.
d) Ele explicou o porquê detalhadamente.
e) A e D estão corretas.

10. Em qual palavra o "s" tem som de /z/?
a) Casa
b) Asa
c) Liso
d) Nascer
e) Desce

11. Qual é a forma correta da palavra que significa "pequeno recipiente para beber café"?
a) Xícara
b) Chícara
c) Chíxara
d) Xíxara
e) Nenhuma das opções anteriores

12. Em qual das alternativas a palavra "por quê" está sendo usada corretamente?
a) Não sei por quê ele fez isso.
b) Por quê você não me disse?
c) Ele perguntou por quê.
d) Eles chegaram cedo, por quê?
e) A e C estão corretas

13. Qual é o par de palavras homófonas corretas?
a) Cessão - Seção
b) Conserto - Concerto

c) Passo - Paço
d) Cela - Sela
e) Todas as opções estão corretas

14. Em qual das seguintes palavras o "x" tem som de / sh/?
a) Exemplo
b) Próximo
c) Exato
d) Xadrez
e) Texto

15. Qual das seguintes palavras é a forma correta para "ato de anular"?
a) Caçar
b) Cassar
c) Casar
d) Cazar
e) Kassar

16. Qual é o uso correto de "porque"?
a) Porque você não veio?
b) Não sei porque ele fez isso.
c) Ele não veio, porque estava doente.
d) O professor explicou o porque do problema.
e) Nenhuma das opções anteriores.

17. Em qual das alternativas a palavra "por que" está sendo usada corretamente?
a) Quero saber por que você fez isso.
b) Não sei por que razão isso aconteceu.
c) Ele não entende o por que.
d) Por que ele não veio, ninguém sabe.
e) A e D estão corretas.

18. Qual é a forma correta da palavra que significa "divisão de uma entidade ou documento"?
a) Seção

b) Cessão
c) Sessão
d) Cezão
e) Nenhuma das opções anteriores

19. Em qual das seguintes palavras o "c" tem som de /s/?
a) Cidade
b) Cacto
c) Cedo
d) Cena
e) Ciência

20. Qual das seguintes palavras é escrita com "ç"?
a) Exceção
b) Ascenção
c) Começo
d) Aceitar
e) Nenhuma das opções anteriores

Gabarito Comentado

1. **b) Cela - Sela**. "Cela" (pequeno quarto) e "Sela" (assento para montar a cavalo) são homófonas.
2. **a) Casa**. "Casa" é a escrita correta para moradia.
3. **a) Estudei muito, porque quero passar no exame.**. Aqui, "porque" é usado para explicar a razão.
4. **e) Exemplo**. Nesta palavra, o "x" tem som de /z/.
5. **e) Todas as opções estão corretas**. Todas são pares corretos de homófonas.
6. **a) Não entendo por que ele agiu assim.** "Por que" é usado em perguntas diretas ou indiretas.
7. **a) Caçar**. "Caçar" é o correto para o ato de perseguir para capturar.
8. **c) Passagem**. "Passagem" é escrita com "ss".
9. **e) A e D estão corretas**. "Porquê" é um substantivo e ambas as frases o usam corretamente.

10. **e) Desce**. Aqui, o "s" tem som de /z/.
11. **a) Xícara**. "Xícara" é a forma correta.
12. **a) Não sei por quê ele fez isso**. "Por quê" é usado no final de frases interrogativas.
13. **e) Todas as opções estão corretas**. Todos são pares corretos de homófonas.
14. **d) Xadrez**. Nesta palavra, o "x" tem som de /sh/.
15. **b) Cassar**. "Cassar" significa anular ou invalidar.
16. **c) Ele não veio, porque estava doente**. "Porque" é usado para explicar a razão.
17. **e) A e D estão corretas**. Ambas as frases usam "por que" corretamente.
18. **a) Seção**. "Seção" é a escrita correta para divisão de uma entidade.
19. **d) Cena**. Aqui, o "c" tem som de /s/.
20. **a) Exceção**. "Exceção" é escrita com "ç".

Pontuação e Sinais Gráficos na Língua Portuguesa

A pontuação é essencial na língua portuguesa para estruturar e dar clareza ao texto. Os sinais de pontuação não apenas organizam as frases, mas também ajudam a transmitir emoções, intenções e nuances de significado. Uma vírgula ou um ponto de exclamação podem mudar completamente a interpretação de uma frase. Por isso, compreender e aplicar corretamente os sinais de pontuação é fundamental para uma comunicação eficaz.

Regras de Pontuação

Vírgula (,): Usada para separar elementos dentro de uma frase, como itens em uma lista, ou para isolar expressões explicativas e adjuntos adverbiais. Exemplo: "Na feira, comprei maçãs, bananas, laranjas e peras."

Ponto (.): Marca o final de uma frase declarativa ou de um comando. Exemplo: "Ele estudou para a prova."

Ponto e Vírgula (;): Utilizado para separar itens de uma lista quando estes já contêm vírgulas, ou para separar orações coordenadas não unidas por conjunções. Exemplo: "Os alunos leram o livro; no entanto, não compreenderam seu significado."

Dois Pontos (:): Introduzem uma citação, uma explicação, uma enumeração ou uma fala de personagem. Exemplo: "Ele disse o seguinte: estudar é essencial."

Aspas (" "): Utilizadas para indicar citações diretas, títulos de obras, ironia ou uso de gírias. Exemplo: O professor disse: "A palavra 'casa' vem do latim."

Parênteses (()): Usados para inserir informações adicionais ou secundárias. Exemplo: "O rio Amazonas (o maior do mundo em volume de água) atravessa o Brasil."

Dicas para o Uso Correto da Pontuação

Não use vírgulas desnecessariamente, pois podem alterar o sentido da frase.

Ponto e vírgula são usados para ideias relacionadas, mas que poderiam ser frases independentes.

Dois pontos preparam o leitor para uma informação importante ou explicativa.

As aspas devem ser usadas com moderação para manter a clareza.

Os parênteses são úteis, mas não devem ser usados excessivamente, pois podem tornar o texto confuso.

Esta etapa, dedicada à pontuação e sinais gráficos, é crucial para o entendimento da estrutura e da fluidez da língua portuguesa. A habilidade de utilizar corretamente esses sinais não só melhora a escrita, mas também enriquece a expressão e a compreensão textuais. Práticas de leitura e escrita, juntamente com exercícios específicos de pontuação, são recomendadas para aprimorar essas habilidades.

Exercícios

1. Qual é a principal função da vírgula?

a) Finalizar uma frase.
b) Separar elementos dentro de uma frase.
c) Introduzir uma citação.
d) Indicar uma pausa dramática.
e) Nenhuma das opções anteriores.

2. Em qual situação é adequado usar o ponto e vírgula?
   a) No final de uma frase interrogativa.
   b) Para separar itens de uma lista com vírgulas.
   c) Antes de iniciar uma citação.
   d) Para indicar ironia.
   e) Em nenhum momento.

3. O que os dois pontos geralmente introduzem?
   a) Uma citação direta.
   b) Uma oração subordinada.
   c) O final de uma frase.
   d) Uma palavra estrangeira.
   e) Uma expressão popular.

4. As aspas são usadas para:
   a) Indicar uma citação direta.
   b) Marcar o final de uma frase.
   c) Separar itens em uma lista.
   d) Indicar uma pergunta.
   e) Todas as opções anteriores.

5. Os parênteses são usados para:
   a) Indicar uma citação.
   b) Finalizar uma frase.
   c) Inserir informações adicionais.
   d) Separar itens em uma lista.
   e) Nenhuma das opções anteriores.

6. Qual das opções a seguir está pontuada corretamente?
   a) Ele disse, "Vou ao mercado."

b) Ele disse: "Vou ao mercado."
c) Ele disse; "Vou ao mercado."
d) Ele disse "Vou ao mercado".
e) Ele disse - "Vou ao mercado."

7. Em qual opção o uso da vírgula está incorreto?
   a) Na feira, comprei maçãs, bananas, e peras.
   b) Ele estudou muito, por isso, passou no exame.
   c) Em São Paulo, chove frequentemente.
   d) O livro que li, foi incrível.
   e) Comprei um carro, que é muito econômico.

8. Qual das seguintes frases usa corretamente o ponto e vírgula?
   a) Eu gosto de correr; nadar e pedalar.
   b) Eu gosto de correr; nadar; e pedalar.
   c) Eu gosto de correr, nadar; e pedalar.
   d) Eu gosto de correr; nadar; e pedalar.
   e) Nenhuma das opções anteriores.

9. Em que situação você usaria dois pontos?
   a) Para separar o sujeito do predicado.
   b) Antes de uma lista.
   c) No final de uma citação.
   d) Para separar frases independentes.
   e) Todas as opções anteriores.

10. As aspas são usadas para indicar:
   a) Um pensamento do autor.
   b) O final de um parágrafo.
   c) Uma expressão de dúvida.
   d) Uma citação direta.
   e) Nenhuma das opções anteriores.

11. Qual das opções a seguir exemplifica o uso correto dos parênteses?
   a) Ele comprou (maçãs, bananas, e peras).
   b) (Ele comprou maçãs, bananas e peras).

c) Ele comprou maçãs (bananas, e peras).
d) Ele (comprou) maçãs, bananas e peras.
e) Ele comprou maçãs, bananas (e peras).

12. Qual das opções a seguir usa corretamente a vírgula para separar um adjunto adverbial?
a) No mercado, comprei frutas.
b) No mercado comprei, frutas.
c) No, mercado comprei frutas.
d) No mercado comprei frutas.
e) Nenhuma das opções anteriores.

13. Qual é o propósito do ponto e vírgula na seguinte frase: "Ela estudou muito; consequentemente, passou no exame"?
a) Separar itens de uma lista.
b) Introduzir uma citação.
c) Separar orações coordenadas.
d) Finalizar a frase.
e) Nenhuma das opções anteriores.

14. Em que situação os dois pontos NÃO são usados?
a) Antes de uma enumeração.
b) Para introduzir uma explicação.
c) No final de uma frase interrogativa.
d) Antes de uma citação.
e) Para indicar uma fala de personagem.

15. Qual das seguintes opções mostra um uso correto das aspas?
a) Ele disse: "Estou indo para casa".
b) Ele disse "Estou indo para casa".
c) Ele disse, "Estou indo para casa".
d) Ele disse; "Estou indo para casa".
e) Ele disse: "Estou indo para casa."

16. Qual é a função dos parênteses na frase: "O Rio Amazonas (o maior do mundo) é majestoso"?

a) Indicar uma citação.
b) Inserir uma informação adicional.
c) Separar itens de uma lista.
d) Finalizar a frase.
e) Indicar ironia.

17. Qual das seguintes frases usa corretamente a vírgula?
a) O homem, que viu o acidente, chamou a polícia.
b) O homem que viu, o acidente chamou a polícia.
c) O homem que viu o acidente, chamou a polícia.
d) O, homem que viu o acidente chamou a polícia.
e) Nenhuma das opções anteriores.

18. Qual é o uso correto do ponto e vírgula?
a) Separar frases completas que estão relacionadas.
b) Introduzir uma citação.
c) Indicar o final de uma lista.
d) Separar o sujeito do predicado.
e) Indicar uma pausa breve.

19. Em qual das seguintes frases os dois pontos estão sendo usados corretamente?
a) Ele disse: que estava cansado.
b) Ele disse: "Estou cansado".
c) Ele disse, que estava cansado.
d) Ele: disse que estava cansado.
e) Ele disse que: estava cansado.

20. As aspas são usadas para:
a) Separar orações subordinadas.
b) Indicar uma pausa dramática.

c) Inserir uma informação adicional.
d) Indicar uma citação direta.
e) Separar frases independentes.

Gabarito Comentado

1. b) Separar elementos dentro de uma frase.
2. b) Para separar itens de uma lista com vírgulas.
3. a) Uma citação direta.
4. a) Indicar uma citação direta.
5. c) Inserir informações adicionais.
6. b) Ele disse: "Vou ao mercado."
7. a) Na feira, comprei maçãs, bananas, e peras. (A vírgula antes do "e" é desnecessária)
8. d) Eu gosto de correr; nadar; e pedalar.
9. b) Antes de uma lista.
10. d) Uma citação direta.
11. a) Ele comprou (maçãs, bananas, e peras). (Informação adicional correta)
12. a) No mercado, comprei frutas.
13. c) Separar orações coordenadas.
14. c) No final de uma frase interrogativa.
15. e) Ele disse: "Estou indo para casa."
16. b) Inserir uma informação adicional.
17. a) O homem, que viu o acidente, chamou a polícia.
18. a) Separar frases completas que estão relacionadas.
19. b) Ele disse: "Estou cansado".
20. d) Indicar uma citação direta.

Acordo Ortográfico da Língua Portuguesa: História e Contexto do Acordo

O Acordo Ortográfico da Língua Portuguesa é um tratado internacional que tem como objetivo criar uma ortografia unificada para o português, usada por todos os países que têm este idioma como oficial. Ele foi assinado inicialmente em 1990 e entrou em vigor no Brasil em 2009. O acordo busca simplificar as regras ortográficas e diminuir as diferenças entre as formas escritas do português europeu e do português brasileiro.

Mudanças Chave Introduzidas pelo Acordo

O Acordo Ortográfico introduziu diversas mudanças na língua portuguesa, das quais algumas das mais notáveis incluem:

Alfabeto: Inclusão das letras "k", "w" e "y", totalizando 26 letras.

Acentuação: Algumas regras de acentuação gráfica foram modificadas, como a eliminação dos acentos diferenciais em palavras como "pára" (verbo) que passou a ser "para", e a remoção dos acentos em ditongos abertos "ei" e "oi" em palavras paroxítonas.

Hífen: As regras para o uso do hífen com prefixos mudaram significativamente, como em "infraestrutura" (antes "infra-estrutura") e "autoescola" (antes "auto-escola").

Letras Mudas: Eliminação de letras mudas em algumas palavras, especialmente em Portugal, onde estas letras eram mais comuns, como em "acção", que passou a ser "ação".

Impacto e Controvérsias

O Acordo Ortográfico gerou bastante controvérsia, especialmente em relação à sua necessidade e eficácia em unificar as variantes da língua. Críticos argumentam que as mudanças causam confusão e não contribuem significativamente para a unificação desejada. Por outro lado, defensores do acordo afirmam que ele simplifica a aprendizagem e a escrita do português, além de contribuir para a sua difusão e prestígio internacional.

Apesar das controvérsias, o acordo é uma realidade no mundo lusófono e é essencial que estudantes e profissionais da língua estejam familiarizados com suas regras. As mudanças afetam principalmente a escrita, e é importante que materiais didáticos, literários e jornalísticos se adaptem às novas normas.

Exercícios: Acordo Ortográfico da Língua Portuguesa

1. Em que ano o Acordo Ortográfico da Língua Portuguesa entrou em vigor no Brasil?
   a) 1990
   b) 1995
   c) 2000
   d) 2009
   e) 2015

2. Qual das seguintes letras foi adicionada ao alfabeto português pelo Acordo Ortográfico?
   a) Ñ
   b) W
   c) Ü
   d) Æ
   e) Ç

3. Qual mudança ocorreu nas regras de acentuação gráfica segundo o Acordo Ortográfico?
   a) Acentuação dos ditongos abertos em palavras oxítonas.
   b) Eliminação dos acentos diferenciais.
   c) Uso de acento agudo em palavras proparoxítonas.
   d) Acentuação de todas as vogais tônicas em palavras paroxítonas.
   e) Nenhuma das opções anteriores.

4. Como ficou a palavra "ideia" após o Acordo Ortográfico?
   a) Ideía
   b) Ídeia
   c) Ideia
   d) Iidéia
   e) Nenhuma das opções anteriores.

5. Segundo o Acordo Ortográfico, como deve ser escrita a palavra "infraestrutura"?
   a) Infra-estrutura
   b) Infrãestrutura
   c) Infraestrutura
   d) Infr-aestrutura
   e) Nenhuma das opções anteriores.

6. O Acordo Ortográfico eliminou o uso de letras mudas em que país?
   a) Brasil
   b) Angola
   c) Moçambique
   d) Portugal
   e) Cabo Verde

7. Qual foi um dos objetivos principais do Acordo Ortográfico?
   a) Unificar a ortografia de todos os idiomas.
   b) Facilitar a comunicação entre países lusófonos.
   c) Tornar o português a língua oficial da ONU.
   d) Simplificar a gramática da língua portuguesa.
   e) Nenhuma das opções anteriores.

8. A palavra "leem" teve alguma mudança com o Acordo Ortográfico?
   a) Sim, passou a ser "lêem".
   b) Sim, passou a ser "leen".
   c) Sim, passou a ser "leêm".
   d) Não, permaneceu "leem".
   e) Não, passou a ser "léem".

9. Como ficou a palavra "voo" após o Acordo Ortográfico?
   a) Voô
   b) Vôo

c) Voo
d) Vóo
e) Nenhuma das opções anteriores.

10. O Acordo Ortográfico da Língua Portuguesa é um tratado:
a) Nacional.
b) Bilateral entre Brasil e Portugal.
c) Europeu.
d) Internacional.
e) Sul-americano.

11. Com o Acordo Ortográfico, como fica a palavra "autoescola"?
a) Auto-escola
b) Autoescola
c) Auto escola
d) Autoêscola
e) Nenhuma das opções anteriores.

12. Qual das seguintes palavras teve sua ortografia alterada pelo Acordo Ortográfico?
a) Ideia
b) Heróico
c) Joia
d) A e C estão corretas
e) Todas as opções estão corretas

13. Em que ano o Acordo Ortográfico da Língua Portuguesa foi assinado?
a) 1986
b) 1990
c) 1995
d) 2000
e) 2005

14. O Acordo Ortográfico afeta:
a) Apenas o português falado.

b) Apenas o português escrito.
c) Tanto o português falado quanto o escrito.
d) Nenhuma das opções anteriores.
e) Apenas o vocabulário técnico.

15. Qual é a regra para o uso do hífen em palavras com prefixos, segundo o Acordo Ortográfico?
a) Sempre usar hífen.
b) Nunca usar hífen.
c) Usar hífen somente antes de palavras iniciadas por "h".
d) Usar hífen somente em palavras compostas.
e) Nenhuma das opções anteriores.

16. O Acordo Ortográfico foi implementado com a mesma data em todos os países lusófonos?
a) Sim, em todos ao mesmo tempo.
b) Não, cada país teve uma data diferente.
c) Sim, mas apenas em Portugal e Brasil.
d) Não, somente no Brasil.
e) Não, somente em Portugal.

17. Como fica a palavra "enjoo" com o Acordo Ortográfico?
a) Enjôo
b) Enjoo
c) Enjoô
d) Enjo-o
e) Nenhuma das opções anteriores.

18. Qual das seguintes palavras teve sua acentuação alterada pelo Acordo Ortográfico?
a) Ideia
b) Lêem
c) Herói
d) Pára
e) Nenhuma das opções anteriores.

19. O Acordo Ortográfico incluiu no alfabeto da língua portuguesa:
    a) Duas novas letras.
    b) Três novas letras.
    c) Quatro novas letras.
    d) Nenhuma nova letra.
    e) Cinco novas letras.

20. Qual das seguintes afirmações sobre o Acordo Ortográfico é verdadeira?
    a) Ele unificou completamente a ortografia em todos os países lusófonos.
    b) Eliminou as diferenças entre o português europeu e brasileiro.
    c) Simplificou algumas regras ortográficas.
    d) Foi aceito sem controvérsias.
    e) Tornou o português mais complexo.

4 CLASSE, ESTRUTURA, FORMAÇÃO E SIGNIFICAÇÃO DE VOCÁBULOS

Introdução

A língua portuguesa, como qualquer outra língua, é um sistema complexo e dinâmico de comunicação. Para entendermos como ela funciona, é essencial analisarmos a classe, a estrutura, a formação e a significação dos vocábulos, ou seja, das palavras que a compõem.

4.1 Classe de Palavras

As palavras da língua portuguesa são classificadas em diversas categorias gramaticais, cada uma com suas características e funções específicas. Entre as principais classes de palavras, destacam-se:

- Substantivos: Palavras que nomeiam seres, objetos, sentimentos, ideias, etc.
- Adjetivos: Qualificam ou caracterizam os substantivos.
- Verbos: Indicam ações, estados ou fenômenos.

- Advérbios: Modificam verbos, adjetivos ou outros advérbios, indicando circunstâncias.
- Pronomes: Substituem ou acompanham substantivos, indicando sua posição em relação às pessoas do discurso.
- Artigos, Preposições, Conjunções e Interjeições: Ligam as palavras e estruturam as frases, indicando relações entre elas.

4.2 Estrutura dos Vocábulos

A estrutura das palavras pode ser analisada em três níveis:

- Morfemas: Menores unidades de significado, como raízes, prefixos e sufixos.
- Fonemas: Unidades sonoras que diferenciam as palavras.
- Letras: Representações gráficas dos fonemas.

A compreensão dessa estrutura ajuda na análise da formação de palavras e na ortografia.

4.3 Formação de Palavras

As palavras podem ser formadas de diversas maneiras:

- Derivação: Criação de novas palavras a partir da adição de prefixos e sufixos (ex.: feliz - infeliz, felicidade).
- Composição: União de duas ou mais palavras ou radicais para formar uma nova palavra (ex.: girassol, passatempo).
- Abreviação e Acrônimo: Formação de palavras por redução (ex.: foto de fotografia) ou pela união de iniciais (ex.: INSS).
- Neologismos: Criação de novas palavras para designar novos conceitos ou realidades.

4.4 Significação dos Vocábulos

A significação das palavras é influenciada por:

- Contexto: O significado pode variar conforme o uso em diferentes contextos.
- Denotação e Conotação: Denotação é o significado direto e literal, enquanto conotação envolve sentidos figurados e associações subjetivas.
- Sinonímia, Antonímia, Homonímia e Paronímia: Relações de significado entre as palavras, como sinônimos, antônimos, homônimos e parônimos.

4.5 Conclusão

O estudo da classe, estrutura, formação e significação dos vocábulos é fundamental para compreender a riqueza e a complexidade da língua portuguesa. Essa análise não apenas facilita a compreensão e o uso correto do idioma, mas também enriquece nossa capacidade de expressão e compreensão do mundo à nossa volta.

Exercícios

1. Qual das seguintes opções é um exemplo de substantivo?
    a. Correr
    b. Feliz
    c. Casa
    d. Muito
    e. E

2. O que caracteriza um adjetivo?
    a. Indica ação
    b. Qualifica um substantivo
    c. Expressa uma circunstância
    d. Substitui um substantivo
    e. Liga palavras

3. Qual das seguintes palavras é um verbo?
    a. Amor
    b. Rapidamente

c. Saltar
d. Azul
e. Daquele

4. O que é um advérbio?
   a. Palavra que indica ação
   b. Palavra que substitui um substantivo
   c. Palavra que modifica um verbo, adjetivo ou outro advérbio
   d. Palavra que nomeia um ser
   e. Palavra que conecta frases

5. Qual é a função principal dos pronomes?
   a. Nomear seres
   b. Qualificar seres
   c. Indicar ações
   d. Substituir ou acompanhar substantivos
   e. Indicar circunstâncias

6. Qual dos seguintes é um exemplo de morfema?
   a. Cão
   b. -mente
   c. C
   d. Falar
   e. Andando

7. O que são fonemas?
   a. Unidades de significado
   b. Unidades gráficas
   c. Unidades sonoras
   d. Partes de um verbo
   e. Tipos de conjunções

8. A formação de palavras por meio da união de duas ou mais palavras ou radicais é conhecida como:
   a. Derivação
   b. Composição
   c. Abreviação

   d. Acrônimo
   e. Neologismo

9. Qual é um exemplo de palavra formada por derivação?
   a. Passatempo
   b. Invisível
   c. ONG
   d. Girassol
   e. E-mail

10. O que são neologismos?
    a. Palavras reduzidas
    b. Palavras formadas por iniciais
    c. Novas palavras para novos conceitos
    d. Palavras com significados opostos
    e. Palavras com significados iguais

11. Qual das seguintes palavras apresenta denotação?
    a. "Seu olhar é um farol iluminando a noite."
    b. "O rio corre calmamente."
    c. "Ele é um leão na defesa do time."
    d. "Sua voz é música para meus ouvidos."
    e. "A janela da alma."

12. O que significa sinonímia?
    a. Palavras com significados opostos
    b. Palavras com o mesmo som, mas significados diferentes
    c. Palavras escritas de forma semelhante, mas com significados diferentes
    d. Palavras com o mesmo significado
    e. Palavras que substituem substantivos

13. Qual dos seguintes pares é um exemplo de antônimos?

a. Grande - Gigante
b. Rápido - Lento
c. Casa - Lar
d. Comprar - Vender
e. Feliz - Felicidade

14. O que são homônimos?
  a. Palavras com significados opostos
  b. Palavras com o mesmo som e mesma escrita, mas significados diferentes
  c. Palavras escritas de forma semelhante, mas com significados diferentes
  d. Palavras com o mesmo significado
  e. Palavras que indicam ação

15. Parônimos são:
  a. Palavras com significados opostos
  b. Palavras com o mesmo som, mas significados diferentes
  c. Palavras escritas de forma semelhante, mas com significados diferentes
  d. Palavras com o mesmo significado
  e. Palavras que substituem substantivos

16. Qual das seguintes é uma função dos artigos?
  a. Nomear seres
  b. Qualificar seres
  c. Indicar ações
  d. Substituir substantivos
  e. Acompanhar substantivos

17. Qual é um exemplo de palavra formada por acrônimo?
  a. Invisível
  b. Girassol
  c. Fotografia
  d. Radar

e. Andar

18. O contexto de uma palavra pode:
    a. Mudar seu significado
    b. Alterar sua ortografia
    c. Modificar sua classe gramatical
    d. Influenciar sua pronúncia
    e. Nenhuma das anteriores

19. Qual opção é um exemplo de advérbio?
    a. Felicidade
    b. Correr
    c. Rapidamente
    d. Beleza
    e. Aquele

20. Palavras que indicam relação de posse são geralmente:
    a. Substantivos
    b. Adjetivos
    c. Verbos
    d. Advérbios
    e. Pronomes

Gabarito Comentado

1. C - "Casa" é um substantivo, pois nomeia um objeto.
2. B - Adjetivos qualificam ou caracterizam os substantivos.
3. C - "Saltar" é um verbo, indicando uma ação.
4. C - Advérbios modificam verbos, adjetivos ou outros advérbios.
5. D - Pronomes substituem ou acompanham substantivos.
6. B - "-mente" é um exemplo de sufixo, um tipo de morfema.

7. C - Fonemas são unidades sonoras que diferenciam as palavras.
8. B - A composição é a união de palavras ou radicais para formar novas palavras.
9. B - "Invisível" é formada por derivação, com o prefixo "in-" acrescentado ao adjetivo "visível".
10. C - Neologismos são novas palavras criadas para conceitos ou realidades novas.
11. B - "O rio corre calmamente" é um exemplo de denotação, pois é um significado direto e literal.
12. D - Sinonímia refere-se a palavras com o mesmo significado.
13. B - "Rápido" e "Lento" são antônimos, com significados opostos.
14. B - Homônimos têm o mesmo som e escrita, mas significados diferentes.
15. C - Parônimos são palavras escritas de forma semelhante, mas com significados diferentes.
16. E - Artigos acompanham substantivos.
17. D - "Radar" é um acrônimo, formado pelas iniciais de "Radio Detection and Ranging".
18. A - O contexto pode mudar o significado de uma palavra.
19. C - "Rapidamente" é um advérbio, modificando um verbo, adjetivo ou outro advérbio.
20. E - Pronomes geralmente indicam posse, como "meu", "seu", etc.

5 DERIVAÇÃO E COMPOSIÇÃO - OS CAMINHOS DA FORMAÇÃO DE PALAVRAS

5.1 Introdução

A riqueza do vocabulário da língua portuguesa deve muito aos processos de formação de palavras, especialmente à derivação e à composição. Estes dois processos são fundamentais para a expansão do léxico e oferecem uma visão fascinante sobre como as palavras evoluem e se adaptam ao longo do tempo.

5.2 Derivação

A derivação é o processo de formação de palavras a partir da adição de afixos (prefixos, sufixos, infixos e interfíxos) a uma base lexical, ou seja, a um radical. Este processo pode alterar a classe gramatical da palavra original e/ou o seu significado.

5.3 Tipos de Derivação

Derivação Prefixal: Adição de um prefixo ao radical (ex.: "in" + "feliz" = "infeliz").

Derivação Sufixal: Adição de um sufixo ao radical (ex.: "feliz" + "mente" = "felizmente").
Derivação Parassintética: Adição simultânea de um prefixo e um sufixo ao radical (ex.: "a" + "noite" + "ecer" = "anoitecer").
Derivação Regressiva: Redução da palavra a uma forma mais curta, geralmente relacionada a verbos (ex.: "decisão" de "decidir").
Derivação Imprópria: Mudança na classe gramatical sem alteração na forma (ex.: "o verde" [substantivo] de "verde" [adjetivo]).

5.4 Composição

A composição é o processo pelo qual novas palavras são formadas pela combinação de duas ou mais palavras ou radicais. As palavras compostas podem apresentar novos significados, distintos dos elementos que as formam.

5.5 Tipos de Composição

Composição por Justaposição: As palavras são unidas sem alteração fonética (ex.: "girassol" = "gira" + "sol").
Composição por Aglutinação: As palavras são unidas com alteração fonética (ex.: "planalto" = "plano" + "alto").

5.6 Importância da Derivação e Composição

Estes processos são essenciais para a adaptação da língua às novas realidades e necessidades comunicativas. Por meio da derivação e composição, palavras novas são criadas para descrever conceitos, tecnologias e fenômenos emergentes. Eles também refletem a criatividade e a dinâmica da língua portuguesa, demonstrando sua capacidade de evoluir e se reinventar.

5.7 Conclusão

Compreender a derivação e a composição é fundamental para entender como a língua portuguesa se desenvolve e se adapta. Estes processos não apenas ampliam o vocabulário, mas também enriquecem a expressão e a compreensão linguística. Eles são testemunhos da constante evolução da língua e de sua incrível capacidade de inovação.

Exercícios

1. Qual é o processo de formação da palavra "invisível"?
    a. Composição por aglutinação
    b. Derivação prefixal
    c. Derivação sufixal
    d. Derivação parassintética
    e. Composição por justaposição

2. A palavra "planalto" é formada por:
    a. Derivação prefixal
    b. Derivação sufixal
    c. Composição por aglutinação
    d. Composição por justaposição
    e. Derivação regressiva

3. Em "desleal", temos um exemplo de:
    a. Derivação prefixal
    b. Derivação sufixal
    c. Composição por justaposição
    d. Derivação imprópria
    e. Derivação regressiva

4. O termo "girassol" é um exemplo de:
    a. Derivação prefixal
    b. Composição por justaposição
    c. Derivação sufixal
    d. Composição por aglutinação
    e. Derivação parassintética

5. "Felizmente" é um exemplo de qual processo de formação de palavras?
    a. Derivação sufixal
    b. Composição por aglutinação
    c. Derivação prefixal

   d. Derivação regressiva
   e. Derivação parassintética

6. A palavra "pontapé" é formada por:
   a. Derivação prefixal
   b. Derivação sufixal
   c. Derivação regressiva
   d. Composição por justaposição
   e. Composição por aglutinação

7. Qual processo forma a palavra "infelizmente"?
   a. Composição por justaposição
   b. Derivação sufixal
   c. Derivação prefixal
   d. Derivação parassintética
   e. Composição por aglutinação

8. "Vinagre" é um exemplo de:
   a. Derivação prefixal
   b. Derivação sufixal
   c. Derivação regressiva
   d. Composição por justaposição
   e. Composição por aglutinação

9. Em "antinatural", temos um exemplo de:
   a. Composição por justaposição
   b. Derivação parassintética
   c. Derivação prefixal
   d. Derivação sufixal
   e. Composição por aglutinação

10. A palavra "pernalta" é formada por:
    a. Composição por justaposição
    b. Derivação sufixal
    c. Derivação regressiva
    d. Composição por aglutinação
    e. Derivação prefixal

11. "Planície" é um exemplo de qual processo?
    a. Composição por aglutinação
    b. Derivação sufixal
    c. Derivação prefixal
    d. Derivação regressiva
    e. Composição por justaposição

12. Qual é o processo de formação da palavra "desfazer"?
    a. Derivação parassintética
    b. Derivação prefixal
    c. Composição por aglutinação
    d. Derivação sufixal
    e. Composição por justaposição

13. Em "guarda-chuva", temos um exemplo de:
    a. Derivação prefixal
    b. Composição por aglutinação
    c. Composição por justaposição
    d. Derivação sufixal
    e. Derivação regressiva

14. A palavra "sacarrolha" é formada por:
    a. Derivação sufixal
    b. Composição por justaposição
    c. Derivação prefixal
    d. Composição por aglutinação
    e. Derivação regressiva

15. Qual processo forma a palavra "amoroso"?
    a. Derivação sufixal
    b. Derivação prefixal
    c. Composição por justaposição
    d. Composição por aglutinação
    e. Derivação parassintética

16. "Subterrâneo" é um exemplo de:

a. Derivação prefixal
b. Derivação sufixal
c. Composição por justaposição
d. Composição por aglutinação
e. Derivação regressiva

17. Em "felizardo", temos um exemplo de:
a. Derivação sufixal
b. Composição por aglutinação
c. Derivação prefixal
d. Composição por justaposição
e. Derivação regressiva

18. A palavra "aguardente" é formada por:
a. Derivação prefixal
b. Composição por justaposição
c. Composição por aglutinação
d. Derivação sufixal
e. Derivação regressiva

19. Qual é o processo de formação da palavra "anoitecer"?
a. Derivação sufixal
b. Derivação prefixal
c. Composição por justaposição
d. Composição por aglutinação
e. Derivação parassintética

20. Em "bem-vindo", temos um exemplo de:
a. Derivação sufixal
b. Composição por aglutinação
c. Derivação prefixal
d. Composição por justaposição
e. Derivação regressiva

Gabarito Comentado

1. b) Derivação prefixal. "Invisível" é formado pelo

prefixo "in-" e a palavra "visível".

2. d) Composição por justaposição. "Planalto" combina "plano" + "alto".
3. a) Derivação prefixal. "Desleal" é formado pelo prefixo "des-" e "leal".
4. b) Composição por justaposição. "Girassol" combina "gira" + "sol".
5. a) Derivação sufixal. "Felizmente" é formado pela palavra "feliz" e o sufixo "-mente".
6. d) Composição por justaposição. "Pontapé" combina "ponta" + "pé".
7. e) Composição por aglutinação. "Infelizmente" é formado pelo prefixo "in-" e "felizmente".
8. e) Composição por aglutinação. "Vinagre" vem de "vinho" + "acre".
9. c) Derivação prefixal. "Antinatural" é formado pelo prefixo "anti-" e "natural".
10. d) Composição por aglutinação. "Pernalta" combina "perna" + "alta".
11. b) Derivação sufixal. "Planície" é formada por "plano" e o sufixo "-ície".
12. b) Derivação prefixal. "Desfazer" é formado pelo prefixo "des-" e "fazer".
13. c) Composição por justaposição. "Guarda-chuva" combina "guarda" + "chuva".
14. b) Composição por justaposição. "Sacarrolha" combina "saca" + "rolha".
15. a) Derivação sufixal. "Amoroso" é formado por "amor" e o sufixo "-oso".
16. a) Derivação prefixal. "Subterrâneo" é formado pelo prefixo "sub-" e "terrâneo".
17. a) Derivação sufixal. "Felizardo" é formado por "feliz" e o sufixo "-ardo".
18. c) Composição por aglutinação. "Aguardente" vem de "água" + "ardente".
19. e) Derivação parassintética. "Anoitecer" é formado

pelo prefixo "a-" e o sufixo "-ecer" acrescentados simultaneamente a "noite".

20. d) Composição por justaposição. "B

6 A ORAÇÃO E SEUS TERMOS

6.1 Oração: Definição e Estrutura

Uma oração é uma estrutura linguística que possui um verbo ou locução verbal e que expressa um sentido completo ou parcial dentro do contexto. Ela é a unidade mínima de comunicação e está inserida dentro de um período, que pode ser simples (com uma só oração) ou composto (com duas ou mais orações).

6.2 Termos da Oração

Os termos de uma oração são as palavras ou grupos de palavras que compõem sua estrutura. Eles são classificados em termos essenciais, integrantes e acessórios.

6.2.1 Termos Essenciais: São indispensáveis para a formação da oração. Incluem o sujeito e o predicado.

- Sujeito: É o termo sobre o qual se declara algo. Pode ser classificado como explícito (determinado) ou oculto (elíptico).
- Predicado: É tudo que se fala sobre o sujeito. Contém o verbo e outras informações como objetos, adjuntos adverbiais, etc.

6.2.2 Termos Integrantes: São termos que completam o sentido de verbos ou nomes, essenciais para a compreensão da mensagem. Incluem o complemento verbal (objeto direto e indireto), complemento nominal e agente da passiva.

- Complemento Verbal: Completa o sentido de um verbo transitivo.
- Complemento Nominal: Completa o sentido de um nome (substantivo, adjetivo ou advérbio).
- Agente da Passiva: Indica quem pratica a ação em uma voz passiva.

6.2.3 Termos Acessórios: São termos que acrescentam informações às orações, mas não são essenciais para o sentido básico. Incluem o adjunto adnominal, adjunto adverbial e o aposto.

- Adjunto Adnominal: Qualifica ou determina um substantivo.
- Adjunto Adverbial: Indica circunstâncias como tempo, modo, lugar, etc.
- Aposto: Explica, resume, especifica ou enumera elementos mencionados na oração.

6.2.4 Vozes Verbais: As orações também podem ser analisadas quanto à voz verbal, que pode ser ativa, passiva ou reflexiva, indicando a relação entre o sujeito e a ação expressa pelo verbo.

- Ativa: O sujeito é o agente da ação.
- Passiva: O sujeito é o paciente, receptor da ação.
- Reflexiva: O sujeito é ao mesmo tempo agente e paciente da ação.

6.3 Conclusão

A análise das orações e seus termos é fundamental para o entendimento e a correta aplicação da Língua Portuguesa. Ela permite não apenas a identificação dos componentes de uma frase, mas também a compreensão mais profunda das nuances de significado e estilo em diferentes contextos. Através deste estudo, podemos aprimorar nossa habilidade de expressão e interpretação, elementos-chave na comunicação eficaz.

Exercícios

1. O que é uma oração na Língua Portuguesa?
   a) Um conjunto de palavras
   b) Uma frase com sentido completo
   c) Uma estrutura com verbo ou locução verbal
   d) Um grupo de termos essenciais
   e) Uma palavra isolada

2. O que é o sujeito de uma oração?
   a) O que se declara sobre algo
   b) O termo principal da frase
   c) A ação expressa pelo verbo
   d) O termo sobre o qual se declara algo
   e) A principal característica do verbo

3. Qual é a função do predicado em uma oração?
   a) Qualificar o sujeito
   b) Completar o verbo
   c) Indicar a ação
   d) Expressar uma condição
   e) Falar sobre o sujeito

4. O que são termos essenciais da oração?
   a) Termos que podem ser omitidos
   b) Palavras que qualificam o sujeito
   c) Termos indispensáveis para a oração
   d) Palavras que expressam ações
   e) Termos que completam verbos transitivos

5. O que é um adjunto adnominal?
   a) Um termo que completa o verbo
   b) Uma expressão que qualifica o sujeito
   c) Um termo que qualifica ou determina um substantivo

d) Uma palavra que indica circunstância
e) O complemento do nome

6. Qual é a função do complemento verbal?
a) Qualificar o verbo
b) Indicar a ação do sujeito
c) Completar o sentido de um verbo transitivo
d) Determinar o sujeito
e) Modificar o adjetivo

7. O que é um aposto?
a) Um termo acessório da oração
b) Um tipo de sujeito
c) Um verbo auxiliar
d) Um complemento verbal
e) Uma conjunção

8. Qual termo da oração indica quem pratica a ação em uma voz passiva?
a) Sujeito
b) Predicado
c) Objeto direto
d) Complemento nominal
e) Agente da passiva

9. O que é um adjunto adverbial?
a) Um termo que completa o sentido do nome
b) Um termo que modifica o verbo, adjetivo ou advérbio
c) Uma expressão que qualifica o sujeito
d) Um complemento do verbo
e) Um termo que indica o agente da passiva

10. Como se classifica um sujeito cuja presença é indicada pelo contexto da frase?
a) Sujeito oculto
b) Sujeito inexistente
c) Sujeito indeterminado

d) Sujeito simples
e) Sujeito composto

11. O que caracteriza uma oração sem sujeito?
a) A presença de verbos impessoais
b) A omissão do sujeito
c) A presença de um sujeito oculto
d) A indeterminação do sujeito
e) A existência de um sujeito composto

12. Qual termo da oração completa o sentido de um nome (substantivo, adjetivo ou advérbio)?
a) Objeto direto
b) Complemento nominal
c) Adjunto adnominal
d) Adjunto adverbial
e) Agente da passiva

13. Em que tipo de oração o sujeito pratica e sofre a ação ao mesmo tempo?
a) Oração ativa
b) Oração passiva
c) Oração reflexiva
d) Oração subordinada
e) Oração coordenada

14. Qual das opções a seguir é um exemplo de objeto direto?
a) "Ele gosta muito de chocolate."
b) "Ela viajou para Paris."
c) "Nós precisamos de ajuda."
d) "O livro está sobre a mesa."
e) "Ela lhe deu um presente."

15. Em qual das seguintes orações o sujeito está oculto?
a) "Choveu muito ontem à noite."
b) "Vamos ao cinema?"
c) "Há muitas pessoas aqui."

d) "Faz frio nesta cidade."
e) "Necessita-se de voluntários."

16. O que é uma oração subordinada?
a) Uma oração independente
b) Uma oração que não possui sujeito
c) Uma oração que depende de outra para fazer sentido
d) Uma oração com sujeito oculto
e) Uma oração sem verbo

17. Qual é a função do complemento nominal em uma oração?
a) Indicar a circunstância da ação
b) Completar o sentido de um nome
c) Qualificar o sujeito
d) Expressar a ação do sujeito
e) Modificar o predicado

18. O que define um período composto por coordenação?
a) A presença de orações subordinadas
b) A independência das orações
c) A ausência de conectivos
d) A ligação de orações sem sujeitos próprios
e) A dependência entre as orações

19. Qual das opções abaixo é um exemplo de predicado verbal?
a) "O céu está azul."
b) "Os alunos da escola são inteligentes."
c) "Ela comprou um carro novo."
d) "A festa foi um sucesso."
e) "O jogo foi cancelado devido à chuva."

20. Como se classifica uma oração que tem um verbo de ligação e um predicativo do sujeito?
a) Oração sem sujeito

b) Oração nominal
c) Oração verbal
d) Oração absoluta
e) Oração principal

Gabarito Comentado

1. C - Uma oração é definida como uma estrutura com um verbo ou locução verbal.
2. D - O sujeito é o termo sobre o qual se declara algo na oração.
3. E - O predicado é o que fala sobre o sujeito, incluindo o verbo e outras informações.
4. C - Termos essenciais são indispensáveis na oração, sendo sujeito e predicado.
5. C - Adjunto adnominal é o termo que qualifica ou determina um substantivo.
6. C - Complemento verbal completa o sentido de um verbo transitivo.
7. A - Aposto é um termo acessório que explica ou especifica elementos da oração.
8. E - Agente da passiva indica quem pratica a ação em voz passiva.
9. B - Adjunto adverbial modifica o verbo, adjetivo ou advérbio, indicando circunstâncias.
10. A - Sujeito oculto é aquele cuja presença é indicada pelo contexto.
11. A - Uma oração sem sujeito caracteriza-se pela presença de verbos impessoais.
12. B - Complemento nominal completa o sentido de um nome.
13. C - Oração reflexiva ocorre quando o sujeito pratica e sofre a ação simultaneamente.
14. B - "Ela viajou para Paris." possui um objeto direto ("Paris").
15. B - "Vamos ao cinema?" tem um sujeito oculto (nós).

16. C - Uma oração subordinada depende de outra para fazer sentido completo.
17. B - O complemento nominal completa o sentido de um nome.
18. B - Um período composto por coordenação é formado por orações independentes.
19. C - "Ela comprou um carro novo." é um exemplo de predicado verbal.
20. B - Uma oração com verbo de ligação e predicativo do sujeito é uma oração nominal.

7

A ESTRUTURAÇÃO DO PERÍODO

7.1 Introdução

A Língua Portuguesa, como qualquer idioma, possui suas complexidades e peculiaridades, e uma das mais importantes é a estruturação do período. O período é uma unidade sintática composta por uma ou mais orações, que se caracteriza pela presença de um verbo ou locução verbal e se encerra com um ponto final, ponto de interrogação ou ponto de exclamação. Essa estrutura é fundamental para a compreensão e a clareza na comunicação escrita e oral.

7.2 Tipos de Períodos

Período Simples: Contém apenas uma oração, sendo, portanto, uma oração absoluta. Neste caso, a oração é equivalente ao período. Exemplo: "A lua brilha no céu."

Período Composto: Formado por duas ou mais orações. Dentro do período composto, temos duas categorias principais:

- Coordenadas: Orações independentes sintaticamente, ou seja, uma não depende da outra para fazer sentido. Exemplo: "Saí de casa, mas esqueci a carteira."
- Subordinadas: Uma das orações depende da outra para ter sentido completo. Exemplo: "Quando o sol se põe, o céu fica alaranjado."

7.3 Elementos de Ligação

As orações em um período composto podem ser ligadas por conjunções (coordenativas ou subordinativas) ou por pontuação (vírgula, ponto e vírgula, dois pontos). A escolha do elemento de ligação depende do tipo de relação que se estabelece entre as orações.

7.4 Importância da Pontuação

A pontuação desempenha um papel crucial na estruturação do período. Ela não só delimita o fim do período, mas também organiza as orações internas, clarifica o sentido e estabelece as pausas necessárias para a compreensão do texto.

7.5 Variação Rítmica e Estilística

A estruturação dos períodos pode variar amplamente, oferecendo diferentes ritmos e estilos ao texto. Períodos curtos tendem a conferir uma sensação de rapidez e direção, enquanto períodos longos e complexos podem criar um efeito mais reflexivo e detalhado.

7.6 Coesão e Coerência

A boa estruturação dos períodos é essencial para a coesão e a coerência textuais. A coesão se refere à conexão harmoniosa entre as partes do texto, enquanto a coerência diz respeito à clareza e à lógica na organização das ideias.

Em suma, a estruturação do período na Língua Portuguesa é um elemento chave para a eficácia da comunicação. Ela permite não apenas a correta organização das ideias, mas também contribui para o estilo e a fluidez do texto, elementos essenciais em qualquer forma de expressão escrita ou falada.

Exercícios

1. O que é um período na Língua Portuguesa?

a) Uma palavra isolada
b) Uma frase sem verbo
c) Uma unidade sintática com um verbo ou locução verbal
d) Um grupo de palavras sem conexão
e) Um parágrafo completo

2. O que caracteriza um período simples?
a) Duas orações subordinadas
b) Uma oração absoluta
c) Múltiplas orações coordenadas
d) A ausência de verbos
e) Uma oração principal e uma secundária

3. Qual é um exemplo de período composto por coordenação?
a) "Quando chove, a terra molha."
b) "O céu está azul; o sol brilha."
c) "Porque estudei, passei."
d) "Embora cansado, continuou trabalhando."
e) "Que você seja feliz."

4. O que são orações coordenadas?
a) Orações que dependem uma da outra
b) Orações independentes sintaticamente
c) Orações introduzidas por conjunções subordinativas
d) Orações que não contêm verbos
e) Orações sem conexão entre si

5. Qual elemento NÃO é usado como ligação entre orações em um período composto?
a) Vírgula
b) Ponto e vírgula
c) Dois pontos
d) Conjunções
e) Artigos definidos

6. Qual a função da pontuação na estruturação do período?
   a) Separar palavras
   b) Criar abreviações
   c) Delimitar o fim do período e organizar orações internas
   d) Indicar números
   e) Enfeitar o texto

7. Períodos curtos tendem a transmitir uma sensação de:
   a) Confusão
   b) Lentidão
   c) Rapidez e direção
   d) Complexidade
   e) Formalidade

8. O que é necessário para a coesão textual?
   a) Uso excessivo de conjunções
   b) Frases longas e complexas
   c) Conexão harmoniosa entre as partes do texto
   d) Uso de muitos adjetivos
   e) Repetição de palavras

9. Uma oração subordinada é caracterizada por:
   a) Ser independente
   b) Não ter verbos
   c) Depender de outra oração para fazer sentido completo
   d) Ser sempre introduzida por uma preposição
   e) Não usar conjunções

10. Qual das seguintes opções é um exemplo de período simples?
    a) "A chuva caía, e as ruas alagaram."
    b) "Ele estudou muito, por isso passou no exame."
    c) "O gato dorme."

d) "Embora cansado, ele foi trabalhar."
e) "Se você for, eu vou."

11. O que é coerência textual?
    a) Uso correto de pontuação
    b) Clareza e lógica na organização das ideias
    c) Conexão entre sujeito e predicado
    d) Uso de sinônimos
    e) Escolha de um bom tema

12. Quando usamos ponto e vírgula em um período composto?
    a) Para separar itens em uma lista
    b) Para introduzir uma explicação
    c) Para conectar orações independentes que estão estreitamente relacionadas
    d) Para indicar a fala de um personagem
    e) Antes de conjunções

13. Como é chamado um período formado por uma única oração?
    a) Período composto
    b) Período simples
    c) Período misto
    d) Período complexo
    e) Período coordenado

14. Qual das seguintes é uma conjunção coordenativa?
    a) Porque
    b) Embora
    c) Como
    d) Mas
    e) Que

15. O que é essencial para a eficácia da comunicação na estruturação do período?
    a) Uso de palavras difíceis
    b) Períodos sempre curtos

c) Correta organização das ideias
d) Evitar orações subordinadas
e) Não usar conjunções

16. Qual é o papel da pontuação na clarificação do sentido de um período?
a) Indicar a entonação
b) Mostrar a ordem das palavras
c) Organizar parágrafos
d) Estabelecer pausas necessárias para a compreensão
e) Separar sílabas

17. O que acontece quando um período é mal estruturado?
a) Torna-se mais formal
b) Fica mais interessante
c) Pode causar confusão e falta de clareza
d) É mais fácil de ler
e) Fica mais curto

18. Em um período composto, a relação entre as orações pode ser estabelecida por:
a) Sinônimos
b) Adjetivos
c) Verbos
d) Conjunto de preposições
e) Conjunto de conjunções

19. Um período com várias orações subordinadas é considerado:
a) Simples
b) Complexo
c) Incompleto
d) Fragmentado
e) Direto

20. A escolha do elemento de ligação em um período

composto depende de:
a) Quantidade de palavras
b) Tipo de relação entre as orações
c) Preferência pessoal
d) Nível de formalidade do texto
e) Uso de verbos

Gabarito Comentado

1. C: Um período é uma unidade sintática que contém um verbo ou locução verbal e termina com pontuação final.
2. B: Um período simples contém apenas uma oração absoluta.
3. B: Exemplo de período composto por coordenação com orações independentes.
4. B: Orações coordenadas são independentes sintaticamente.
5. E: Artigos definidos não são usados como elementos de ligação.
6. C: A pontuação delimita o fim do período e organiza as orações.
7. C: Períodos curtos transmitem rapidez e direção.
8. C: A coesão textual é alcançada pela conexão harmoniosa entre as partes do texto.
9. C: Uma oração subordinada depende de outra para fazer sentido completo.
10. C: "O gato dorme." é um exemplo de período simples.
11. B: A coerência textual se refere à clareza e lógica na organização das ideias.
12. C: Ponto e vírgula é usado para conectar orações independentes relacionadas.
13. B: Um período formado por uma única oração é chamado de período simples.
14. D: "Mas" é uma conjunção coordenativa.
15. C: A eficácia da comunicação depende da correta

organização das ideias.

16. D: A pontuação estabelece pausas necessárias para a compreensão.
17. C: Um período mal estruturado pode causar confusão e falta de clareza.
18. E: Conjunto de conjunções estabelece a relação entre as orações em um período composto.
19. B: Um período com várias orações subordinadas é considerado complexo.
20. B: A escolha do elemento de ligação depende do tipo de relação entre as orações.

Há dois tipos principais de períodos: simples e composto. O período simples contém apenas uma oração, que é independente, denominada oração absoluta. Esta oração é composta pelos elementos essenciais da frase, como sujeito e predicado, podendo também conter elementos complementares como objetos direto e indireto, complemento nominal, adjuntos adnominais e adverbiais, entre outros.

Por outro lado, o período composto é formado por duas ou mais orações. Estas orações podem ser coordenadas ou subordinadas entre si. Nas orações coordenadas, elas se apresentam como independentes dentro do período, não exercendo funções sintáticas umas em relação às outras. Já as orações subordinadas são dependentes de uma oração principal, exercendo funções específicas como sujeito, objeto, complemento, entre outras.

A pontuação desempenha um papel crucial na estruturação do período. Ela ajuda a delimitar as orações e a estabelecer relações de sentido entre elas. Por exemplo, o uso de vírgulas, pontos e vírgulas, e pontos finais contribui para a clareza e coerência do texto, além de influenciar na entonação e pausa na fala.

Além disso, a conjunção é um elemento importante na construção de períodos compostos. As conjunções coordenativas conectam orações independentes, enquanto as conjunções subordinativas introduzem orações dependentes, estabelecendo relações de causa, condição, tempo, finalidade, entre outras.

Em suma, a estruturação do período na língua portuguesa é um aspecto fundamental para a construção de textos coerentes e coesos. Ela envolve a articulação de orações, o uso adequado de pontuação e conjunções, além de requerer a compreensão das funções sintáticas dos elementos que compõem as orações. Compreender e aplicar corretamente estas regras é essencial para a eficácia na comunicação e expressão escrita e oral na língua portuguesa.

Vamos analisar exemplos práticos que ilustram a estruturação do período na Língua Portuguesa, considerando os tipos de períodos e suas características:

Período Simples

Exemplo: "O sol brilhava intensamente."
Análise: Este é um período simples porque contém apenas uma oração. O sujeito é "O sol", e o predicado é "brilhava intensamente". Não há outras orações associadas, o que caracteriza a simplicidade do período.

Período Composto por Coordenação

Exemplo: "João foi ao mercado, e Maria ficou em casa."
Análise: Este período é composto por duas orações coordenadas, conectadas pela conjunção "e". A primeira oração é "João foi ao mercado" e a segunda é "Maria ficou em casa". Ambas são independentes em termos de significado, mas estão ligadas pela conjunção.

Período Composto por Subordinação

Exemplo: "Quando o relógio bateu meia-noite, Cinderela deixou o baile."
Análise: Aqui, temos um período composto por subordinação. A oração "Quando o relógio bateu meia-noite" é subordinada

adverbial temporal, pois estabelece um momento no tempo para a ação da oração principal "Cinderela deixou o baile".

Uso de Pontuação

Exemplo: "Apesar da chuva, fomos à praia; no entanto, não pudemos nadar."
Análise: A vírgula após "chuva" separa a oração subordinada adverbial concessiva da oração principal. O ponto e vírgula antes de "no entanto" indica uma pausa maior, separando as partes do período composto por coordenação com orações que expressam ideias contrapostas.

Período com Conjunções

Exemplo: "Estudo muito porque quero passar no exame."
Análise: A conjunção "porque" introduz uma oração subordinada adverbial causal. A oração "Estudo muito" é a principal, e "porque quero passar no exame" é a subordinada, explicando a razão da ação.
Estes exemplos demonstram como a estruturação do período na língua portuguesa é essencial para a clareza e precisão na comunicação. A habilidade de formar períodos simples e compostos, utilizando adequadamente pontuação e conjunções, permite expressar ideias complexas de maneira eficaz.

Exercícios

1. O que caracteriza um período simples?
   a) Mais de uma oração.
   b) Uma oração sem sujeito.
   c) Apenas uma oração.
   d) Duas ou mais orações.
   e) Nenhuma das anteriores.

2. Qual é um exemplo de período composto?
   a) A lua brilha.

b) Choveu muito ontem.
c) Ele chegou e ela saiu.
d) O pássaro canta.
e) Sol radiante.

3. O que são orações coordenadas?
   a) Orações que dependem uma da outra.
   b) Orações independentes dentro do período.
   c) Orações que não têm verbo.
   d) Uma única oração em um período.
   e) Orações que introduzem condições.

4. Qual é a função da pontuação na estruturação do período?
   a) Alterar o significado das palavras.
   b) Decorar o texto.
   c) Separar as orações e estabelecer relações de sentido.
   d) Tornar o texto mais longo.
   e) Nenhuma das anteriores.

5. O que é uma oração subordinada?
   a) Uma oração independente.
   b) Oração sem sujeito ou predicado.
   c) Oração que depende de outra para fazer sentido.
   d) Oração com muitos adjetivos.
   e) Uma oração coordenada.

6. Em qual dos seguintes exemplos há uma oração subordinada adverbial temporal?
   a) Ele é mais alto que ela.
   b) Quando você chegou, eu saí.
   c) Se chover, não sairemos.
   d) Ele estuda para passar no exame.
   e) O gato, que é preto, dorme.

7. Qual é a principal diferença entre orações coordenadas e subordinadas?

a) O número de verbos.
b) A independência das orações.
c) O uso de conjunções.
d) A posição das orações no período.
e) O número de palavras.

8. Qual é o papel das conjunções na estruturação do período?
   a) Separar frases.
   b) Conectar orações.
   c) Introduzir parágrafos.
   d) Encerrar discussões.
   e) Enfeitar o texto.

9. "Apesar da chuva, fomos à praia." Qual é a função da vírgula neste período?
   a) Separar sujeito e predicado.
   b) Indicar uma pausa na fala.
   c) Separar a oração subordinada da principal.
   d) Conectar duas orações.
   e) Nenhuma das anteriores.

10. Qual das seguintes opções é um período composto por coordenação?
    a) Porque estava frio, levei um casaco.
    b) Estudo para ser aprovado.
    c) Ele correu, mas não alcançou o ônibus.
    d) Se chover, o jogo será cancelado.
    e) Quando tocou o alarme, todos saíram.

11. A conjunção "e" normalmente indica que tipo de relação entre as orações?
    a) Concessiva.
    b) Adversativa.
    c) Alternativa.
    d) Conclusiva.
    e) Aditiva.

12. Qual é o papel do ponto e vírgula na estruturação do período?
    a) Separar itens em uma lista.
    b) Indicar o final do texto.
    c) Substituir a vírgula.
    d) Separar orações mais complexas ou expressar uma pausa mais forte.
    e) Conectar orações subordinadas.

13. Em "Se chover, não sairemos", qual é a natureza da oração "Se chover"?
    a) Principal.
    b) Coordenada.
    c) Subordinada adverbial condicional.
    d) Subordinada adverbial concessiva.
    e) Subordinada adverbial final.

14. A oração "Ele estuda muito" em "Ele estuda muito para passar no exame" é:
    a) Subordinada adverbial.
    b) Coordenada explicativa.
    c) Principal.
    d) Subordinada adverbial final.
    e) Coordenada aditiva.

15. Em períodos compostos, a principal diferença entre as orações coordenadas e as subordinadas é:
    a) A ordem das orações.
    b) A presença de verbos.
    c) A dependência sintática.
    d) O número de palavras.
    e) O uso de pontuação.

16. "Embora estivesse cansado, ele continuou trabalhando." Este período é um exemplo de:
    a) Coordenação.
    b) Subordinação causal.

c) Subordinação concessiva.
d) Coordenação adversativa.
e) Subordinação final.

17. Em "Ele chegou tarde, por isso foi repreendido", a expressão "por isso" é um exemplo de:
a) Conjunção coordenativa explicativa.
b) Conjunção subordinativa causal.
c) Conjunção coordenativa conclusiva.
d) Conjunção subordinativa consecutiva.
e) Conjunção coordenativa adversativa.

18. Qual das seguintes opções representa um período simples?
a) A criança chorou porque estava com fome.
b) O sol brilhava, e os pássaros cantavam.
c) Ele trabalha muito, mas ganha pouco.
d) A noite estava fria.
e) Se ele chegar a tempo, poderemos sair.

19. "Não só estudou como também passou no exame." Este período é um exemplo de:
a) Subordinação.
b) Coordenação aditiva.
c) Coordenação alternativa.
d) Coordenação explicativa.
e) Subordinação causal.

20. "Quero que você entenda a matéria." A oração "que você entenda a matéria" é:
a) Principal.
b) Subordinada substantiva objetiva direta.
c) Subordinada adverbial final.
d) Coordenada sindética.
e) Subordinada adverbial concessiva.

Gabarito Comentado

1. c - Um período simples contém apenas uma oração.
2. c - "Ele chegou e ela saiu" é um período composto por coordenação.
3. b - Orações coordenadas são independentes dentro do período.
4. c - A pontuação separa orações e estabelece relações de sentido.
5. c - Uma oração subordinada depende de outra para fazer sentido.
6. b - "Quando você chegou, eu saí" contém uma oração subordinada adverbial temporal.
7. b - A principal diferença é a independência (coordenadas) vs. dependência (subordinadas).
8. b - As conjunções conectam orações.
9. c - A vírgula separa a oração subordinada da principal.
10. c - "Ele correu, mas não alcançou o ônibus" é um exemplo de coordenação.
11. e - A conjunção "e" indica uma relação aditiva.
12. d - O ponto e vírgula separa orações mais complexas ou expressa uma pausa mais forte.
13. c - "Se chover" é uma oração subordinada adverbial condicional.
14. c - "Ele estuda muito" é a oração principal.
15. c - A principal diferença é a dependência sintática (subordinadas são dependentes).
16. c - O período é um exemplo de subordinação concessiva.
17. c - "Por isso" é uma conjunção coordenativa conclusiva.
18. d - "A noite estava fria" é um período simples.
19. b - O período é um exemplo de coordenação aditiva.
20. b - "Que você entenda a matéria" é uma oração

subordinada substantiva objetiva direta.

8 AS CLASSES DE PALAVRAS: ASPECTOS MORFOLÓGICOS, SINTÁTICOS E ESTILÍSTICOS

A Língua Portuguesa, assim como outras línguas naturais, é composta por um conjunto de palavras que se organizam em diferentes classes, cada uma com suas características e funções específicas. Estas classes de palavras são categorizadas com base em aspectos morfológicos, sintáticos e estilísticos. Vamos explorar cada uma destas dimensões.

8.1 Aspectos Morfológicos

Morfologicamente, as palavras são classificadas de acordo com sua estrutura e formação. Na língua portuguesa, temos dez classes gramaticais principais:

- Substantivos: Palavras que nomeiam seres, objetos, fenômenos, sentimentos, etc. Podem variar em gênero, número e grau.

- Adjetivos: Qualificam os substantivos, indicando características ou estados. Também variam em gênero, número e grau.
- Verbos: Indicam ações, estados ou fenômenos. São palavras que se flexionam em tempo, modo, pessoa e número.
- Advérbios: Modificam verbos, adjetivos ou outros advérbios, geralmente indicando circunstâncias.
- Pronomes: Substituem ou acompanham os substantivos, indicando a posição de pessoas ou coisas em relação às pessoas do discurso.
- Artigos: Definidos ou indefinidos, determinam os substantivos, especificando-os ou generalizando-os.
- Numerais: Indicam quantidades exatas ou a ordem dos seres em uma série.
- Preposições: Estabelecem relações entre palavras, ligando-as.
- Conjunções: Conectam orações ou palavras de mesma função sintática.
- Interjeições: Expressam emoções, sentimentos ou reações, geralmente de forma súbita e isolada.

8.2 Aspectos Sintáticos

Sintaticamente, as palavras são analisadas com base em suas funções e relações dentro de uma frase ou oração. Cada classe gramatical desempenha um papel específico na construção das frases:

- Substantivos atuam principalmente como sujeitos ou objetos.
- Adjetivos funcionam como predicativos ou modificadores de substantivos.
- Verbos são o núcleo das orações, estabelecendo a ação principal.

- Advérbios modificam a ação, indicando modo, tempo, intensidade, entre outros.
- Pronomes substituem ou acompanham os substantivos, assumindo suas funções.
- Artigos, Numerais, Preposições e Conjunções estabelecem relações de concordância, regência e ordem.
- Interjeições estão frequentemente isoladas sintaticamente, expressando algo à parte da estrutura gramatical principal.

8.3 Aspectos Estilísticos

Estilisticamente, as classes de palavras contribuem para a expressividade do texto. O uso de determinadas classes pode influenciar o tom e o estilo da escrita:

- Substantivos e Adjetivos ricos e variados enriquecem as descrições.
- Verbos fortes e específicos dinamizam a narrativa.
- Advérbios podem intensificar ou suavizar ações e qualidades.
- Pronomes criam proximidade ou distanciamento em relação ao leitor ou ouvinte.
- Artigos, Preposições e Conjunções são essenciais para a coesão e a coerência textual.
- Interjeições adicionam emotividade e expressividade.

Em resumo, a compreensão das classes de palavras e de suas funções morfológicas, sintáticas e estilísticas é fundamental para o domínio da Língua Portuguesa, tanto na fala quanto na escrita. Este conhecimento permite não apenas uma comunicação mais eficaz, mas também a possibilidade de jogos de linguagem e expressões criativas dentro do idioma.

Exercícios

1. Qual das seguintes palavras é um exemplo de substantivo?

a) Correr
b) Azul
c) Casa
d) Muito
e) E

2. O que caracteriza um adjetivo?
a) Expressar ação
b) Qualificar um substantivo
c) Indicar quantidade
d) Conectar frases
e) Expressar emoção

3. Qual é a principal função dos verbos?
a) Modificar substantivos
b) Indicar ação ou estado
c) Conectar palavras
d) Substituir substantivos
e) Indicar tempo

4. Os advérbios modificam principalmente:
a) Substantivos
b) Pronomes
c) Artigos
d) Verbos
e) Conjunções

5. Qual das opções é um exemplo de pronome?
a) Alegremente
b) Eles
c) Verde
d) Beleza
e) Rapidamente

6. A principal função do artigo é:
a) Expressar ação
b) Qualificar substantivos
c) Determinar substantivos

d) Indicar quantidade
e) Conectar frases

7. Qual destes é um numeral?
a) Primeiro
b) Grande
c) E
d) Raramente
e) Porque

8. A função principal das preposições é:
a) Conectar orações
b) Substituir substantivos
c) Expressar emoção
d) Estabelecer relações entre palavras
e) Indicar ação

9. As conjunções são usadas para:
a) Qualificar substantivos
b) Indicar quantidade
c) Conectar orações ou palavras
d) Determinar substantivos
e) Modificar verbos

10. Interjeições são usadas para:
a) Expressar emoções
b) Conectar frases
c) Qualificar substantivos
d) Indicar quantidade
e) Substituir substantivos

11. Em "Os belos pássaros voam alto", a palavra "belos" é um:
a) Substantivo
b) Adjetivo
c) Verbo
d) Advérbio
e) Artigo

12. Na frase "Ele rapidamente correu para casa", "rapidamente" é um:
a) Substantivo
b) Adjetivo
c) Verbo
d) Advérbio
e) Pronome

13. Qual destes é um exemplo de conjunção?
a) E
b) Belo
c) Muito
d) Aquilo
e) Dez

14. "Nós" em "Nós vamos ao parque" é um:
a) Substantivo
b) Adjetivo
c) Pronome
d) Verbo
e) Advérbio

15. Em "Aquele livro é interessante", "aquele" é um:
a) Artigo
b) Pronome
c) Preposição
d) Adjetivo
e) Advérbio

16. Qual destas palavras é um artigo?
a) Uma
b) Aqui
c) Eles
d) Muito
e) Sim

17. "Três" em "Ela comprou três maçãs" é um:

a) Adjetivo
b) Pronome
c) Numeral
d) Substantivo
e) Advérbio

18. Na frase "Ele escreveu o livro", "escreveu" é um:
a) Substantivo
b) Adjetivo
c) Verbo
d) Advérbio
e) Artigo

19. "Mas" em "Eu queria ir, mas estava chovendo" é uma:
a) Preposição
b) Conjunção
c) Interjeição
d) Advérbio
e) Pronome

20. Qual classe gramatical é usada principalmente para expressar sentimentos de forma súbita?
a) Verbos
b) Advérbios
c) Interjeições
d) Preposições
e) Conjunções

Gabarito Comentado

1. **c) Casa** - Casa é um substantivo, pois é uma palavra que nomeia um objeto.
2. **b) Qualificar um substantivo** - Adjetivos qualificam substantivos, atribuindo-lhes características.
3. **b) Indicar ação ou estado** - Verbos são usados para expressar ações, estados ou fenômenos.
4. **d) Verbos** - Advérbios modificam verbos, adjetivos ou

outros advérbios, não substantivos.

5. **b) Eles** - "Eles" é um pronome, usado para substituir substantivos.
6. **c) Determinar substantivos** - Artigos determinam os substantivos, especificando-os ou generalizando-os.
7. **a) Primeiro** - "Primeiro" é um numeral, indicando ordem em uma série.
8. **d) Estabelecer relações entre palavras** - Preposições são usadas para ligar palavras e estabelecer relações entre elas.
9. **c) Conectar orações ou palavras** - Conjunções são usadas para conectar orações ou palavras de mesma função.
10. **a) Expressar emoções** - Interjeições são usadas para expressar emoções ou reações súbitas.
11. **b) Adjetivo** - "Belos" qualifica o substantivo "pássaros", portanto, é um adjetivo.
12. **d) Advérbio** - "Rapidamente" modifica o verbo "correu", indicando a maneira como a ação foi realizada.
13. **a) E** - "E" é uma conjunção, usada para conectar palavras ou orações.
14. **c) Pronome** - "Nós" é um pronome, substituindo o sujeito da frase.
15. **b) Pronome** - "Aquele" é um pronome demonstrativo, usado aqui para indicar um substantivo específico.
16. **a) Uma** - "Uma" é um artigo indefinido, usado antes de substantivos.
17. **c) Numeral** - "Três" é um numeral, indicando a quantidade de maçãs.
18. **c) Verbo** - "Escreveu" é um verbo, indicando a ação realizada pelo sujeito.
19. **b) Conjunção** - "Mas" é uma conjunção, usada para conectar duas orações, indicando contraste ou

oposição.

20. **c) Interjeições** - Interjeições são usadas para expressar emoções ou reações de forma súbita e intensa.

9 LINGUAGEM FIGURADA

A linguagem figurada, também conhecida como linguagem figurativa ou linguagem metafórica, é um aspecto fascinante e essencial da Língua Portuguesa, assim como de outras línguas. Seu uso não se limita apenas à literatura ou à poesia; ela permeia nosso cotidiano, enriquecendo a comunicação e oferecendo uma maneira mais expressiva e criativa de transmitir ideias e emoções.

9.1 Conceito e Importância

A linguagem figurada se distingue da linguagem literal, que é direta e objetiva. Enquanto a linguagem literal diz exatamente o que significa, a linguagem figurada depende de imagens, comparações e analogias para transmitir um significado que vai além do literal. Este tipo de linguagem é importante porque permite ao falante ou escritor expressar pensamentos e sentimentos de maneira mais vívida e impactante, muitas vezes de maneira que a linguagem literal não pode.

9.2 Tipos de Linguagem Figurada

- Metáfora: Implica uma comparação implícita. Por exemplo, "O tempo é um ladrão" sugere que o tempo rouba momentos, sem dizer isso literalmente.
- Símile: Uma comparação explícita, geralmente usando

as palavras "como" ou "assim". Por exemplo: "Ele é forte como um touro".

- Personificação: Atribuição de características humanas a objetos ou conceitos não humanos. Por exemplo, "A noite envolveu a cidade em seu manto".
- Metonímia: Uso de um termo para se referir a outro com o qual tem uma relação próxima. Por exemplo, "Brasília decidiu" para se referir às decisões do governo brasileiro.
- Hipérbole: Exagero intencional para efeito dramático ou humorístico. Por exemplo, "Eu já te disse um milhão de vezes".

9.3 Aplicações e Exemplos na Cultura Brasileira

A linguagem figurada é um recurso amplamente utilizado na literatura, música e poesia brasileiras. Poetas como Carlos Drummond de Andrade e Vinicius de Moraes, por exemplo, usaram abundantemente a metáfora e a personificação para dar vida às suas obras. Na música popular, compositores como Chico Buarque e Gilberto Gil recorrem frequentemente à metáfora e à metonímia para transmitir mensagens complexas de forma poética.

9.4 Considerações Pedagógicas

No ensino da Língua Portuguesa, é importante que os educadores apresentem aos alunos a linguagem figurada, não apenas como uma ferramenta literária, mas também como um componente vital da comunicação diária. A habilidade de compreender e usar a linguagem figurada é crucial para a alfabetização plena, pois desenvolve a capacidade de pensar de forma crítica e criativa, além de ajudar na interpretação de textos diversos.

9.5 Conclusão

A linguagem figurada é, portanto, um recurso rico e dinâmico na

Língua Portuguesa. Ela permite uma exploração mais profunda e criativa da linguagem, tanto na escrita quanto na fala, e é uma ferramenta essencial para a expressão de ideias complexas e emoções. Seu estudo e compreensão são fundamentais para qualquer pessoa que deseje se comunicar de forma eficaz e apreciar plenamente a riqueza da literatura e da cultura brasileira.

Exercícios

1. O que é uma metáfora?
a) Uma comparação explícita.
b) A atribuição de características humanas a objetos.
c) Uma comparação implícita.
d) Um tipo de exagero.
e) A substituição de um termo por outro.

2. Qual das seguintes é um exemplo de personificação?
a) "Ele é rápido como um raio."
b) "O vento sussurrava segredos."
c) "Tempo é dinheiro."
d) "Ela é uma joia."
e) "Aquela montanha é um gigante adormecido."

3. A frase 'Choveu canivetes durante a tempestade' é um exemplo de:
a) Metáfora.
b) Símile.
c) Hipérbole.
d) Metonímia.
e) Personificação.

4. O que é uma hipérbole?
a) Um tipo de comparação.
b) Exagero para efeito dramático.
c) Atribuição de características humanas a objetos inanimados.
d) Uso de um termo por outro.
e) Uma afirmação literal.

5. 'Brasília decidiu' é um exemplo de que figura de linguagem?
a) Metáfora.
b) Símile.
c) Hipérbole.
d) Metonímia.
e) Eufemismo.

6. Qual é o propósito principal da linguagem figurada?
a) Confundir o leitor.
b) Transmitir informações de forma direta.
c) Expressar ideias de forma mais vívida e expressiva.
d) Simplificar conceitos complexos.
e) Utilizar palavras em seu sentido literal.

7. A frase 'Seu sorriso é um sol que ilumina minha vida' é um exemplo de:
a) Metonímia.
b) Símile.
c) Eufemismo.
d) Metáfora.
e) Hipérbole.

8. Qual figura de linguagem está presente em 'Ela é um anjo'?
a) Hipérbole.
b) Símile.
c) Eufemismo.
d) Metonímia.
e) Metáfora.

9. 'Seus olhos eram estrelas cintilantes' é um exemplo de:
a) Personificação.
b) Metáfora.
c) Símile.
d) Hipérbole.
e) Metonímia.

10. O que significa usar um 'eufemismo'?

a) Exagerar uma situação.
b) Substituir uma expressão por outra menos ofensiva.
c) Comparar duas coisas diretamente.
d) Dar características humanas a algo não humano.
e) Usar palavras em sentido oposto ao literal.

11. 'O céu chora suas mágoas' é um exemplo de:
a) Hipérbole.
b) Metáfora.
c) Eufemismo.
d) Personificação.
e) Símile.
12. Qual é um exemplo de símile?
a) "Tempo é dinheiro."
b) "Ela nadava como um peixe."
c) "A lua sorriu para mim."
d) "Aquela criança é um raio de sol."
e) "Ele é um leão em campo."

13. A expressão 'coração de pedra' é um exemplo de:
a) Símile.
b) Metáfora.
c) Hipérbole.
d) Eufemismo.
e) Personificação.

14. 'A vida é um teatro' é um exemplo de que tipo de figura de linguagem?
a) Metonímia.
b) Eufemismo.
c) Hipérbole.
d) Metáfora.
e) Símile.

15. Qual das seguintes é uma hipérbole?
a) "Ele é um touro."
b) "Ela tem um coração de ouro."

c) "Eu já te falei isso um milhão de vezes."
d) "A lua é um farol no céu."
e) "Ela é rápida como um relâmpago."

16. 'Tempo é dinheiro' é um exemplo de:
a) Metáfora.
b) Símile.
c) Metonímia.
d) Hipérbole.
e) Personificação.

17. A frase 'Aquela sala era um forno' é um exemplo de:
a) Símile.
b) Metáfora.
c) Hipérbole.
d) Eufemismo.
e) Personificação.

18. Qual figura de linguagem é usada em 'O sol beijava suavemente sua pele'?
a) Metáfora.
b) Símile.
c) Personificação.
d) Metonímia.
e) Hipérbole.

19. A expressão 'mar de lágrimas' é um exemplo de:
a) Metáfora.
b) Símile.
c) Hipérbole.
d) Eufemismo.
e) Personificação.

20. O que é metonímia?
a) Um exagero intencional.
b) Uma comparação direta.
c) A substituição de um termo por outro.

d) A atribuição de características humanas a objetos.
e) Uma comparação implícita.

Gabarito Comentado

1. **c)** A metáfora é uma comparação implícita entre duas coisas distintas.
2. **b)** "O vento sussurrava segredos" é um exemplo de personificação, atribuindo ação humana ao vento.
3. **c)** "Choveu canivetes" é uma hipérbole, exagerando a intensidade da chuva.
4. **b)** A hipérbole é um exagero usado para efeito dramático.
5. **d)** "Brasília decidiu" é um exemplo de metonímia, usando o nome da capital para representar o governo.
6. **c)** A linguagem figurada é usada para expressar ideias de forma mais vívida e expressiva.
7. **d)** A frase é uma metáfora, comparando implicitamente o sorriso a um sol.
8. **e)** "Ela é um anjo" é uma metáfora, comparando a pessoa a um anjo.
9. **b)** A frase é uma metáfora, comparando os olhos a estrelas.
10. **b)** Eufemismo é substituir uma expressão por outra menos ofensiva ou desagradável.
11. **d)** "O céu chora suas mágoas" é um exemplo de personificação, atribuindo ação humana ao céu.
12. **b)** "Ela nadava como um peixe" é um símile, uma comparação direta.
13. **b)** "Coração de pedra" é uma metáfora que compara um coração a pedra, sugerindo frieza.
14. **d)** "A vida é um teatro" é uma metáfora, comparando a vida com um teatro.
15. **c)** "Eu já te falei isso um milhão de vezes" é uma hipérbole, exagerando a quantidade de vezes.
16. **a)** "Tempo é dinheiro" é uma metáfora, sugerindo que

tempo tem valor como dinheiro.

17. **b)** "Aquela sala era um forno" é uma metáfora, comparando a sala a um forno devido ao calor.
18. **c)** "O sol beijava suavemente sua pele" é um exemplo de personificação, atribuindo ação humana ao sol.
19. **c)** "Mar de lágrimas" é uma hipérbole, exagerando a quantidade de lágrimas.
20. **c)** Metonímia é a substituição de um termo por outro, com base em uma relação de proximidade ou associação.

10 PONTUAÇÃO

A pontuação na língua portuguesa é um componente crucial que vai além da simples organização do texto; ela desempenha um papel vital na determinação do ritmo, tom, e significado das frases. Sem a pontuação adequada, até mesmo as sentenças mais bem construídas podem se tornar ambíguas ou confusas. Vamos explorar os sinais de pontuação mais comuns e suas funções:

- Ponto (.): Este é o sinal de pontuação mais básico e essencial, indicando o fim de uma sentença declarativa ou imperativa. O ponto finaliza uma ideia, permitindo ao leitor absorver a informação antes de prosseguir.
- Vírgula (,): A vírgula é usada para criar uma pausa menor dentro de uma frase, separando elementos como itens em uma lista, adjetivos, ou orações. O uso correto da vírgula pode ser complexo, pois uma colocação inadequada pode alterar o sentido da frase.
- Ponto e vírgula (;): Este sinal indica uma pausa mais longa que a vírgula, mas menor que o ponto. É frequentemente usado para separar itens em uma lista complexa ou para ligar frases independentes que estão estreitamente relacionadas em termos de conteúdo.
- Dois pontos (:): Usado para introduzir uma lista, uma citação ou uma explicação. Os dois pontos preparam o leitor para informações adicionais que

complementam ou explicam a ideia apresentada.

- Ponto de interrogação (?): Indica uma pergunta. Em textos literários, também pode ser usado para expressar dúvida ou incerteza.
- Ponto de exclamação (!): Usado para expressar surpresa, emoção ou ênfase. O uso excessivo deste sinal pode tornar o texto dramático ou informal.
- Aspas (“ ”): Empregadas para indicar citações diretas, diálogos, ou para destacar palavras usadas de maneira irônica ou com um significado especial.
- Parênteses (()): Utilizados para inserir uma informação adicional ou explicativa que é secundária ao resto da frase.
- Travessão (—): Frequentemente usado em diálogos para indicar a fala de personagens ou para inserir uma pausa mais longa ou uma mudança no fluxo do pensamento.

A pontuação é, portanto, um aspecto essencial da escrita na língua portuguesa, proporcionando clareza, nuance e ritmo. O domínio desses sinais permite ao escritor comunicar-se de forma mais eficaz, transmitindo não apenas informações, mas também emoções e subtextos.

Exercícios

1. Qual é a função principal do ponto (.) na língua portuguesa?
   a) Indicar uma pausa breve
   b) Separar itens em uma lista
   c) Finalizar uma sentença declarativa ou imperativa
   d) Introduzir uma citação
   e) Indicar uma pergunta

2. Como a vírgula (,) é utilizada em uma frase?
   a) Para criar uma pausa longa
   b) Para separar elementos como itens em uma lista
   c) Para indicar o fim de uma sentença
   d) Para introduzir uma explicação
   e) Para expressar emoção

3. Qual é a função do ponto e vírgula (;)?
   a) Indicar uma pergunta
   b) Separar frases independentes relacionadas
   c) Finalizar uma sentença
   d) Introduzir uma citação
   e) Indicar uma pausa muito breve

4. Para que são utilizados os dois pontos (:) na escrita?
   a) Para introduzir uma lista ou explicação
   b) Para indicar uma citação direta
   c) Para expressar surpresa ou emoção
   d) Para indicar o fim de uma sentença
   e) Para criar uma pausa longa

5. O que o ponto de interrogação (?) indica?
   a) Uma afirmação
   b) Uma pergunta
   c) Uma citação
   d) Uma explicação
   e) Uma emoção

6. Quando o ponto de exclamação (!) é apropriado?
   a) Para expressar surpresa, emoção ou ênfase
   b) Para introduzir uma lista
   c) Em textos formais e acadêmicos
   d) Para separar itens em uma lista
   e) Para indicar uma pausa breve

7. Como as aspas (“ ”) são usadas na escrita?

a) Para indicar uma pergunta
b) Para expressar dúvida
c) Para citar diretamente ou destacar palavras
d) Para indicar uma pausa
e) Para finalizar uma sentença

8. Qual é a função dos parênteses (())?
   a) Indicar uma citação direta
   b) Inserir uma informação adicional ou explicativa
   c) Indicar uma pergunta
   d) Separar itens complexos em uma lista
   e) Expressar emoção ou surpresa

9. O travessão (—) é frequentemente usado para:
   a) Indicar a fala de personagens em diálogos
   b) Introduzir uma lista ou citação
   c) Finalizar uma sentença
   d) Criar uma pausa muito breve
   e) Separar adjetivos

10. Qual é a importância da pontuação na língua portuguesa?
   a) Apenas organizar o texto
   b) Tornar o texto mais dramático
   c) Proporcionar clareza, nuance e ritmo
   d) Marcar o fim de parágrafos
   e) Usar em textos formais somente

Gabarito comentado

1. **C:** O ponto finaliza uma sentença declarativa ou imperativa, indicando o fim de uma ideia.
2. **B:** A vírgula é usada para criar pausas menores e separar elementos como itens em listas.
3. **B:** O ponto e vírgula é utilizado para separar itens em listas complexas ou ligar frases independentes relacionadas.

4. **A:** Os dois pontos são usados para introduzir listas ou explicações.
5. **B:** O ponto de interrogação indica uma pergunta.
6. **A:** O ponto de exclamação é usado para expressar surpresa, emoção ou ênfase.
7. **C:** As aspas são empregadas para indicar citações diretas ou destacar palavras com significados especiais.
8. **B:** Parênteses são utilizados para inserir informações adicionais ou explicativas.
9. **A:** O travessão é frequentemente usado em diálogos para indicar a fala de personagens.
10. **C:** A pontuação é essencial para proporcionar clareza, nuance e ritmo na escrita.

REFERÊNCIAS

ALMEIDA, M. G. de. **Gramática da Língua Portuguesa**. 5ª ed. São Paulo: Atlas, 2020.

CUNHA, C.; CINTRA, L. **Nova Gramática do Português Contemporâneo**. 3ª ed. Rio de Janeiro: Lexikon, 2022.

FERREIRA, A. B. de H. **Novo Dicionário da Língua Portuguesa**. 3ª ed. Rio de Janeiro: Nova Fronteira, 2021.

GARCIA, O. M. **Comunicação em Prosa Moderna**. 27ª ed. Rio de Janeiro: FGV, 2019.

HOUAISS, A.; VILLAR, M. de S. **Dicionário Houaiss da Língua Portuguesa**. 5ª ed. São Paulo: Objetiva, 2023.

LUFT, C. P. **Novo Manual de Português**. 2ª ed. São Paulo: Globo, 2021.

PERINI, M. A. **Sofrendo a Gramática**. 2ª ed. São Paulo: Ática, 2020.

CURRÍCULO DO AUTOR

Leonardo Flach é professor de Contabilidade (da graduação, mestrado e doutorado) na Universidade Federal de Santa Catarina, onde entrou no ano de 2010, como primeiro colocado no concurso público. É pesquisador reconhecido nacionalmente, com bolsa de Produtividade Científica do CNPQ PQ2, bolsa que chega a somente 0,4% dos professores do Brasil. Depois de cursar graduação, mestrado e doutorado, realizou o seu pós-doutorado em Contabilidade e Finanças pelo Massachusetts Institute of Technology (MIT/EUA). Atua em três programas de Pós-Graduação na UFSC: Programa de Pós-Graduação em Contabilidade (PPGC), Programa de Pós-Graduação em Propriedade Intelectual e Transferência de Tecnologia para a Inovação (PROFNIT), Programa de Pós-Graduação em Administração Universitária.

Já obteve 70 premiações nacionais e internacionais, publicou 4 livros, 126 artigos em revistas científicas, mais de 160 artigos em congressos científicos nacionais e internacionais, selo de mais de 1 milhão de visualizações das mais de 1300 videoaulas sobre ciência divulgadas no seu canal Prof. Dr. Leonardo Flach.

Com vasta experiência no exterior, atuou como professor visitante e pesquisador convidado no Massachusetts Institute of Technology (MIT/EUA) (eleita a melhor Universidade do mundo pelo ranking Times Higher Education, na época em que lá esteve) e na Ludwig Maximilians Universität München (LMU-Munique-

Alemanha), qualificada como a melhor universidade alemã, de acordo com o Best Global Universities U.S. News e pelo ranking da Times Higher Education. Professor do Programa de Pós-graduação em Contabilidade (PPGC) e do Programa de Pós-Graduação em Gestão Universitária (UFSC). Bolsista de Fixação de Recursos Humanos do CNPq – Nível A, 2020-2021.

Demonstrando liderança, atuou como Coordenador de Pesquisa do Centro Socioeconômico, Presidente do Congresso UFSC de Controladoria e Finanças, membro da Câmara de Pesquisa da UFSC, membro da Comissão Permanente de Cultura da UFSC, membro titular do conselho de pesquisa da UFSC, Coordenador do Programa de Pós-Graduação em Gestão Universitária. Liderou diversas pesquisas nacionais e internacionais financiadas. Líder do grupo de pesquisa NETEC, grupo de pesquisa cadastrado no Conselho Nacional de Desenvolvimento Científico e Tecnológico (CNPQ) desde 2002.

Participante e avaliador de artigos nos principais eventos científicos de Contabilidade da área, no Brasil e no Exterior, entre eles: Congresso da American Accounting Association (Estados Unidos), Congresso European Accounting Association (Europa), Encontro da Associação Nacional de Pós-Graduação e Pesquisa em Administração (Enanpad), Congresso da Associação Nacional de Pós-Graduação em Contabilidade (Anpcont), Congresso Brasileiro de Custos. Doutor em Administração (UFRGS), com doutorado sanduíche na Freie Universität Berlin (Alemanha). Durante a graduação, estudou por dois semestres como aluno ouvinte no curso de Wirtschaftswissenschaft na Universidade de Dortmund (Alemanha). Realizou estágio na empresa HL-Planartechnik GmbH em Dortmund (Alemanha). Recebeu o prêmio Edmon Nader de melhor monografia no término do curso de graduação. Entre as publicações, encontram-se artigos em congressos renomados e em periódicos qualificados como A1, A2 e B1. Dentre suas produções artísticas, participou da gravação de 16 CDs, 2 DVDs, criou 18 arranjos musicais, gravou 3 trilhas sonoras para filmes curtas-metragens, atuou como líder de naipe (spalla) dos violoncelos e solista de orquestra, realizou turnês estaduais e uma turnê internacional, e foi membro fundador da Orquestra Camerata Florianópolis, com a qual tocou por 10 anos e foi líder de naipe por 5 anos. Em 2012, recebeu o 1°. Lugar no Prêmio Nacional Jabuti 2012 (Câmara Brasileira do Livro) na Área de Administração, Economia e Negócios, com capítulo de livro baseado em sua tese de doutorado. Proficiente em inglês (TOEFL), em alemão (DSH), espanhol, e possui conhecimentos básicos de francês. Tem como atuais interesses de pesquisa Métodos Quantitativos Aplicados em Contabilidade Avançada, Finanças, Governança, Mercado de Capitais, Cooperativas.

Revisor de imporantes revistas científicas nacionais e internacionais, como: Journal of International Business and Economy, Revista de Administração Pública, Revista Base de Administração e Contabilidade. A conclusão do pós-doutorado no Massachusetts Institute of Technology (MIT/EUA) foi mais uma grande realização, por ser considerada a melhor universidade do mundo pelo ranking da Times Higher Education.

Premiações

1. 2023 Top 10% of Authors on SSRN by total new downloads within the last 12 months, SSRN - Social Science Research Network, Rochester, NY (USA)., SSRN - Social Science Research Network, Rochester, NY (USA).
2. 2023 Prêmio Internacional Competividad de las Pequeñasy Medianas Empresas, Fundación Internacional Universitas XXI (España).
3. 2023 Prêmio de Melhor Tese de Doutorado de 2022, com seu orientando de doutorado Jonatas Dutra Sallaberry e Indicação para o Prêmio Capes de Teses, Programa de Pós-Graduação de Contabilidade UFSC.
4. 2023 Placa de Reconhecimento por 7000 inscritos no canal do Youtube Prof. Dr. Leonardo Flach com aulas de Contabilidade, Valuation, Métodos de pesquisa, e

Investimentos, Google.

5. 2023 Vice-campeão do torneio Astel Open de Tênis, Astel.
6. 2023 Melhores trabalhos – USP International Conference on Accounting, USP.
7. 2023 Campeão do Torneio Unimed Open de Tênis, Unimed.
8. 2023 Melhor trabalho na área de Auditoria no USP International Conference on Accounting, Universidade de São Paulo.
9. 2023 Placa de Reconhecimento por 950.000 visualizações no canal do Youtube Prof. Dr. Leonardo Flach com aulas de Contabilidade, Valuation, Métodos de pesquisa, e Investimentos, Google.
10. 2023 1o. Lugar, Honra ao Mérito (trabalho da orientanda de graduação Claudia Minatto Alexandre), Conselho Regional de Contabilidade (CRC/SC).
11. 2023 Melhores artigos da área de Trabalhos Tecnológicos no VI UFSC International Accounting Congress, VI UFSC International Accounting Congress.
12. 2023 Diploma de Mérito Estudantil para a orientanda de graduação Claudia Minatto Alexandre, Universidade Federal de Santa Catarina.
13. 2023 Prêmio Programa Mestre Profissional Inovador, Sapienza e SINOVA.
14. 2023 Semifinalista do Campeonato Brasileiro de Tênis ITF 400, International Tennis Federation.
15. 2022 – Bolsa de Produtividade em Pesquisa do CNPq – Nível 2, CNPq – Conselho Nacional de Desenvolvimento Científico e Tecnológico.
16. 2022 – Listado no Ranking Internacional AD Scientific Index 2022 de Produtividade e Impacto Científico, com H-14 e 900 citações, AD Scientific Index.
17. 2022 – Honra ao Mérito (trabalho da orientanda de graduação Giovana Dallabrida), CRC – Conselho Regional de Contabilidade.

18. 2022 – Melhores artigos da área de Ensino e Pesquisa em Contabilidade no V UFSC International Accounting Congress, Universidade Federal de Santa Catarina.
19. 2022 – Melhores artigos da área de Contabilidade Financeira no V UFSC International Accounting Congress, Universidade Federal de Santa Catarina.
20. 2022 – Best Papers Award – 52th World Continuous Auditing and Reporting Systems Symposium (co-authoring with Lauren D. B. Venturini, Jonatas D. Sallaberry, Arthur F. Lerner); Theme: Crypto assets, World Continuous Auditing and Reporting Systems Symposium – WCARS.
21. 2022 – Best Papers Award – 52th World Continuous Auditing and Reporting Systems Symposium (co-authoring with Eduardo A. Natividade); Theme: Blockchain, World Continuous Auditing and Reporting Systems Symposium – WCARS.
22. 2022 – Top 10% of Authors on SSRN by total new downloads within the last 12 months, SSRN – Social Science Research Network, Rochester, NY (USA), SSRN – Social Science Research Network, Rochester, NY (USA).
23. 2022 – Campeão do Torneio XXXII Open de Tênis AABB Florianópolis, Associação Atlética do Banco do Brasil (AABB) Florianópolis.
24. 2022 – Vice-campeão do Torneio ACM Open de Tênis, Associação Catarinense de Medicina.
25. 2022 – 1st Place in Leaderboard Contest, Congreso Iberoamericano de Control de Gestión, Santiago, Chile.
26. 2022 – Placa de Reconhecimento por 700.000 visualizações das mais de 1000 videoaulas no canal do Youtube Prof. Dr. Leonardo Flach, Youtube VidIQ.
27. 2022 – Vice-campeão do Torneio ATA Open de Tênis, Astel.
28. 2021 – Top Ten Download Papers, for the paper Internationalization, Investment and Evaluation of Brazilian Post-Graduation: a Panel Data Regression,

SSRN – Social Science Research Network, Rochester, NY (USA).

29. 2021 – Top 10% of Authors on SSRN by total new downloads within the last 12 months, SSRN – Social Science Research Network, Rochester, NY (USA), SSRN – Social Science Research Network, Rochester, NY (USA).
30. 2021 – Melhor trabalho da área Capital, Finanças e Desempenho, no 59º Congresso da SOBER & 6º EBPC – Encontro Brasileiro de Pesquisadores em Cooperativismo, SOBER & EBPC – Encontro Brasileiro de Pesquisadores em Cooperativismo.
31. 2021 – Melhores trabalhos da 2a. Mostra Científica Online de Estudos Empresariais, Universidade Federal de Sergipe.
32. 2021 – Melhores trabalhos do Congresso UFU de Contabilidade, Universidade Federal de Uberlândia.
33. 2021 – Best Paper Award no Congresso Internacional ENAJUS (Lisboa, Portugal) – Prêmio de Melhor trabalho, ENAJUS.
34. 2021 – Artigos mais acessados do ano na Revista Científica Multidisciplinar, RECIMA.
35. 2020 – Top 10% of Authors on SSRN by total new downloads within the last 12 months, SSRN – Social Science Research Network, Rochester, NY (USA), SSRN (Rochester, USA).
36. 2020 – Nomination for Bea Sanders/AICPA Innovation in Teaching Award, American Accounting Association.
37. 2020 – Indicação ao Melhor artigo/área do 3rd. UFSC International Accounting Congress, UFSC.
38. 2020 – Medalha do Mérito Cultural Cruz e Souza – Stagium 10 – Pérolas, Conselho Estadual de Cultura.
39. 2020 – Bolsa de Pesquisa Científica, Fixação de Recursos Humanos do CNPq – Nível A, CNPq – Conselho Nacional de Desenvolvimento Científico e Tecnológico.
40. 2019 – Top Ten Download Papers, for the paper Internationalization of Higher Education, SSRN – Social

Science Research Network, Rochester, NY (USA), SSRN.

41. 2019 – Top 10% of Authors on SSRN by total new downloads within the last 12 months, SSRN – Social Science Research Network, Rochester, NY (USA), SSRN (Rochester, USA).
42. 2019 – Best Papers Award, 45th World Continuous Auditing and Reporting Systems Symposium (co-autoring with Bruno C. Prata), Theme: Earnings management, World Continuous Auditing and Reporting Systems Symposium.
43. 2019 – Best Papers Award – 45th World Continuous Auditing and Reporting Systems Symposium (co-authoring with Jonatas D. Sallaberry); Theme: Corruption, World Continuous Auditing and Reporting Systems Symposium – WCARS.
44. 2019 – 2º. Lugar – 9° Congresso UFSC de Iniciação Científica em Contabilidade ? coautoria com Matheus Moreira e Jonatas Sallaberry. Área: Finanças e Mercado de Capitais, UFSC.
45. 2019 – Melhor Artigo de Área e Melhores Artigos do Evento XII CASI – Coautoria com Alice Chaves e Jonatas Sallaberry, XII CASI.
46. 2019 – Melhores trabalhos de área – XII Congresso CASI – Coautoria com Carolina Kremer e Jonatas Sallaberry, XII Congresso CASI.
47. 2018 – Best Papers Award, 42th World Continuous Auditing and Reporting Systems Symposium, Theme: Blockchain, Structural Equation Modeling, 42th World Continuous Auditing and Reporting Systems Symposium.
48. 2018 – Menção honrosa no Prêmio Nacional Chico Ribeiro, Categorial Profissional, Instituto Social IRIS.
49. 2018 – Melhores artigos científicos da área de Finanças e Mercado de Capitais, Congresso UFSC de Controladoria e Finanças.
50. 2018 – Melhores trabalhos, ECECON.

51. 2018 – Mejores trabajos, Congreso Internacional de Educación Superior (Havana, Cuba), co-autoring with Luísa K. Mattos, Congreso Internacional de Educación Superior (Cuba).
52. 2016 – 2º. Lugar Prêmio ECECON, ECECON.
53. 2015 – Menção honrosa no IX Congresso ANPCONT; Área de Mercados Financeiros, de Crédito e de Capitais, Associação Nacional de Programas de Pós-Graduação em Ciências Contábeis; ANPCONT.
54. 2015 – 1º Lugar – Prêmio Internacional Prof. Antonio Lopes de Sá – Acadêmico Científico, Conselho Regional de Contabilidade de Minas Gerais.
55. 2014 – Medalha Cruz e Souza, Fundação Catarinense de Cultura.
56. 2014 – Finalista do Prêmio Estadual Sebrae de Empreendedorismo, Sebrae.
57. 2014 – Indicado ao prêmio nacional de inovação didática em disciplina de pós-graduação, USP.
58. 2013 – Prêmio ANPCONT de melhor avaliador ad hoc da área de Educação e Pesquisa em Contabilidade, ANPCONT.
59. 2013 – 1º Lugar – Melhor Divisão Acadêmica Ensino e Pesquisa em Adm e Cont, Associação Nacional de Pós-Graduação e Pesquisa em Administração e Contabilidade - ANPAD - Participação como avaliador de artigos, ANPAD.
60. 2012 – 1º Lugar no Prêmio Nacional Jabuti 2012 (Câmara Brasileira do Livro) na Área de Administração, Economia e Negócios, com capítulo de livro publicado em Aprendizagem Organizacional no Brasil, Câmara Brasileira do Livro.
61. 2011 – 1º Lugar – Melhor Divisão Acadêmica Administração Pública da ANPAD – EnANPAD, Associação Nacional de Pós-Graduação e Pesquisa em Administração e Contab. Participação como avaliador de artigos, ANPAD.

62. 2010 – 1º Lugar, Concurso Professor Adjunto – Área Recursos Humanos, UFU, Universidade Federal de Uberlândia.
63. 2010 – 1º Lugar, Concurso Professor Adjunto – Área Ciências Contábeis, aprendizagem, mídia e conhecimento – UFSC, Universidade Federal de Santa Catarina.
64. 2010 – 2º Lugar, Concurso Professor Assistente – Área Administração Pública, UDESC, Universidade do Estado de Santa Catarina.
65. 2008 – Bolsa de estudos de doutorado sanduíche na Freie Universität Berlin (Alemanha), Capes/DAAD.
66. 2006 – Bolsa de estudos de doutorado, Capes.
67. 2004 – Bolsa de estudos de mestrado, Capes.
68. 2003 – 1º Lugar – Prêmio Edmon Duarte Nader de melhor monografia, Universidade Federal de Santa Catarina.
69. 2001 – Prêmio da Fundação Catarinense de Cultura (Livro e CD Contar Cantando Lagusta Lague), Fundação Catarinense de Cultura.
70. 1991 – 1º Lugar no Ranking Infanto-Juvenil de Tênis do Paula Ramos Esporte Clube, Paula Ramos Esporte Clube.

www.ingramcontent.com/pod-product-compliance
Lightning Source LLC
LaVergne TN
LVHW050009180826
845678LV00022B/2999

* 9 7 8 6 5 0 0 9 2 1 0 2 1 *